나는
태어나자마자
속기
시작했다

나는 태어나자마자 속기 시작했다

의심 많은 사람을 위한
생애 첫 번째 사회학

오찬호 지음

📖 동양북스

당신은 피해자일 수도, 가해자일 수도 있다.

본문 중에서

사회가 병이 들면 개인도 병이 들기 마련이다.

노명우, 「세상물정의 사회학」 중에서

차례

성공한 다음에 사회를 바꾸겠다고요?

사례 1

고등학교 교실 안, 사회 교사 A는 경제 성장의 이면에 있는 불평
등에 대해 우리가 알아야 하며, 비정규직 노동자 문제가 한국 사
회의 심각한 문제라는 것을 강조한다. 한 학생이 비정규직의 처
우 개선을 요구하며 파업하는 노동자들이나, 부당 해고를 주장하
며 농성하는 노동자들을 어떻게 해야 도울 수 있는지를 조심스
레 묻는다. 사회 교사 A는 단호하게 답한다. "너 말고도 하는 사
람 많아. 쓸데없는 생각 말고 일단 공부나 열심히 해."

나는 태어나자마자 속기 시작했다

사례 2

대학생들이 함께 식사를 하면서 취업에 대해 이야기 중이다. 학점 관리는 물론이고 토익, 자격증, 공모전, 어학연수 등 준비해야 될 것이 너무 많은 현실이 버겁다며 서로를 위로한다. 그중 한 명이 인턴 경험, 봉사 활동 실적까지 요구하는 것은 지나친 것 아니냐며 목소리를 높인다. 그러자 갑자기 다들 말이 없어진다. 누군가가 듣기 싫다는 투로 중얼거린다. "아이고 독립투사 납셨네. 누가 그걸 모른대?"

이 사례들은 한국인들이 한국 사회를 대하는 태도를 적나라하게 보여준다. 사회의 문제를 인지하는 것은 자유지만, 불만은 불만으로 그쳐야 한다. '사회'는 알아도 '사회 비판'에 관심 가져선 안 된다. 기성세대의 삶이라고 다르지 않다. 회사의 문제점을 언급했다가 "김 대리, 그런 말할 거면 사표 쓰고 다음에 국회의원 선거에나 출마해"라는 조롱을 듣기 일쑤다. '세상을 비판하는 불평불만 투덜이 사회학자'로 방송에서 소개되는 내가 일상에서 종종 듣는 말이기도 하다. 그래도 직업이 직업인지라 쉽사리 물러서지 않고 사회를 비판적으로 바라보는 시선이 왜 중요한지를 온갖 사례를 들며 차근차근 설명할 때가 있다. 하지만 돌아오는 건 오글거린다는 표정이 곁들여진 냉소적 한 마디일 뿐이다. "그게 나랑 무슨 상관인데?"

'일단 적응, 추후 변화'라는 프레임

'사회'라는 말은 사람들이 평생에 걸쳐 가장 많이 내뱉는 단어 중의 하나이다. "요즘 사회가 왜 이런지 모르겠다"는 푸념에서부터 "한국 사회가 썩었어!"라는 분노 등 그 쓰임새는 주로 '불만'과 관련이 있다. 재미난 것은 그래서 사회를 바꾸자고 하면, "그런다고 사회가 변하냐!"는 타박이 주된 반응이라는 사실이다. 누구나 익숙하게 들어봄직한, 아니면 그렇게 말한 경우가 종종 있을 것이다. 이런 말들을 하는 사람들은 대개 자신의 논리에 굉장한 확신을 갖고 있어서 반론을 들어볼 생각조차 하지 않는다. 물론, 그 확신은 100% 틀렸다. 그런 냉소에 비례하여, 사회는 '객관적으로' 나쁘게 변했기 때문이다.

나는 '사회의 모순'에 관한 강연을 자주 한다. 관심이 없으면 사회가 '나쁘게' 변하듯 역으로 관심을 가지면 사회가 '좋게' 변할 수 있다는 지극히 간단한 이치를 강조한다. 일상에서 늘 비판적으로 세상을 바라보고 의심하는 '시민'의 자격을 포기하지 말라고 독려한다. 하지만 꼭 이렇게 묻는 사람이 있다. "현실이 어쩔 수 없으니, 일단은 이 사회에서 성공한 다음에 사회를 바꾸는 것이 바람직하지 않을까요?" 얼핏 현실감각이 대단한 것처럼 보이지만 이 말 역시 틀렸다. 수많은 사람들이 그렇게 '일단 순응'을 택하고 '추후 변화'를 약속했는데 눈 씻고 찾아봐도 그 약속을 지키는 사람이 없기 때문이다. 이는 '일단 적응, 추후 변화'라

　　　　　　　　나는 태어나자마자 속기 시작했다

는 프레임이 자본주의 사회를 유지하는 강력한 '프로파간다'임을 증명한다. 왜 그럴까? 세 가지 측면에서 말할 수 있다.

첫째, 일단 개인이 '홀로 변화를 주도할 만한 권력을 가진 인물로' 성공한다는 것 자체가 확률적으로 희박하다. 자신이 수천만 명 중의 독보적 한 명이 될 수 있을 거라는 희망을 가지고 현실의 문제를 외면하는 건 지극히 비효율적이다. 차라리 개인이 '독보적인 성공을 하지 못하더라도' 누구나 인간의 존엄성을 보장받는 사회를 희망하는 것이 본인에게도 훨씬 이득이다. 둘째, '사회를 비판하는' 성향을 가진 채, '세상을 바꿀 만한' 위치에 올라가기가 힘들다. 조직은 어떻게든 그런 사람들을 걸러내려고 안달이 나 있다. 기득권은 자기와 성향이 다른 사람에게 자리를 쉽게 넘겨주지 않는다. 그러니 한국 사회에서 성공했다는 사람들은 꼭 "내가 그때는 철부지라서 생각을 제대로 못했다"면서 과거의 자기 모습을 부정해버리곤 한다.

마지막은 사회가 한 명의 힘으로 변화하지 않는다는 사실이다. 사회는 그 안을 살아가는 절대 다수의 대중들이 '비판적 시민'으로서의 권리를 주장하고, 누릴수록 개선된다. 이 상식을 한국 사회는 가르쳐주지 않고 오히려 '일단 순응하고 나중에 바꾸든지 하라!'면서 '탈'시민이 되기를 강요한다.

나는 지난 11년간 이 모순을 깨는 강의를 대학에서 했다. 이를 위해 '사회'에 관한 많은 책을 소개했지만 늘 높다란 '벽'에 막혔다. 수천 명의 사람들을 만나보니 단순히 '사회의 특성이 무엇이다', '사회의 문제는 이것이다'라는 병렬식 설명에는 한계가 있었다. 사회가 좋아지면 결국 나도 좋아진다는 인과관계는 자꾸만 부정되었다. 시행착오 끝에 그 이유를 발견했다. 사람들은 사회가 중요하다는 것을 '이론적으로' 무시하지 않는다. 그러나 사회가 아무리 중요한들 자신의 일상이 우선이라는 사고에 너무나 익숙했다.

모두가 한국 사회의 경쟁이 심하다고 비판하면서, 자신이 그 경쟁 문화를 적극 지지하는 장본인이라는 사실은 부인했다. 세상만사를 어떻게 '경제 논리'로 판단할 수 있느냐면서, 자신도 '돈에 대한 욕망'에서 자유롭지 않다는 사실은 부정한다. 민주주의가 훼손되는 것을 용납할 수 없다면서, 일상에서 자신이 자신보다 더 약자 위에서 누리고 있는 권위주의를 자각하지 못한다. 그래서 어떤 사회문제든, '본인은 예외'라고 믿는다. 그러니 사회는 늘 자신과 무관했다.

우리는 모두 피해자인 동시에 가해자이다

이런 문제의식으로 출발한 이 책은 사회에 대한 백화점식 소개가 아니라 사회와 개인이 연결된 '고리'를 발견하는 데 주안점을 두었다. 이를 위해, 사회를 이해할 수 있는 여러 징표들을 우리 주변의 익숙한 삶에서 찾으려고 했다.

그만큼 떼려야 뗄 수 없는 관계가 바로 '사회와 개인'이기 때문이다. 나는 이 주제를 다음처럼 펼쳤다. 먼저, 개인이 사회로부터 자유로울 수 없는 이유를 제시하고(1~2장), 이를 바탕으로 한국 사회가 개인에게 어떤 강요를 하고 있는지 이야기한다(3~4장). 그러고 나서 이런 사회를 드러내는 '숫자를' 어떻게 해석해야 하는지를 설명한다(5장). 이를 통해 사회를 '제대로' 바라볼 시야를 갖추었다면 더 구체적으로 사회가 개인에게 영향을 끼치는 현장을 추적한다. 이는 사람들이 예술에 대해서 느끼는 '순수한 감정'을 의심하고(6장), 한 개인이 특정한 성향을 가진 사람으로 성장해가는 모습을 비판적으로 살펴보며 완성된다(7장). 그리고 마지막으로 '좋은 사회'를 만들기 위해서 우리가 무엇을 해야 하는지를 말한다(8장).

이 과정을 통해 내가 말하고자 하는 것은 사회의 문제가 곧 나의 문제라는 점이다. '나'는 사회로부터 괴롭힘을 당하는 피해자이기도 하고 동시에 사회문제를 만들어내는 가해자이기도 하다. 이 두 지점을 이해하는 사람이 많은 사회에는 '사회가 변한다고 내 삶이 달라지느냐'는 식의 체념이 쉽사리 등장하지 못한다. 우리가 희망해야 하는 '그' 사회를 살아가는 사람들은 '더' 자신의 과거를 반성하면서, 그 성찰을 동력 삼아 현재의 시행착오를 줄이고자 노력한다. 이는 궁극적으로 더 나은 미래를 만드는 초석이다. 그러면 지금처럼 '초인간적으로' 살지 않아도 취업할 수 있고, 결혼할 수 있고, 저녁이 있는 삶을 누릴 수 있다. 개천에서 용이 되지 않을 대다수의 사람들이 인간의 존엄성을 지키며 살아가는 행복한 사회는 이런 관심으로 만들어진다. 이 당연한 것이 낯선 사회가 바로 한국이다. 이 책이 그 낯섦을 조금이나마 다시 낯설게 볼 수 있는 기회였으면 한다.

2017년 12월

오찬호

　　　　　　　나는 태어나자마자 속기 시작했다

{1장}

어떤 당신은 어떤 사회로부터 만들어진다

우리는 대부분의 사람들이 도덕적인 존재라고 가정할 수 있다. 그런데 이 도덕성이 마치 기어 변환 장치와 같아서 어떤 경우에 중립에 놓인다고 상상해보자.

필립 짐바르도(Philip Zimbardo)[1]

인간은 문화의 창조자이자 주인이면서 동시에 문화의 구속을 받으며 살아가는 수동적 존재이기도 하다. 어느 누구도 문화적 진공상태에서 태어나지 않는다.

정수복[2]

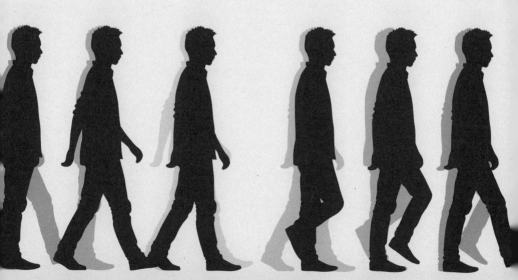

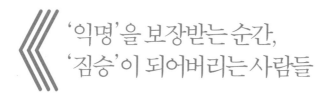

'익명'을 보장받는 순간, '짐승'이 되어버리는 사람들

'인간은 사회적 동물이다.'

아리스토텔레스의 유명한 말이다. 누구나 수차례 들어봄직한 이 말의 뜻은 다음과 같다. 첫째, 인간은 필연적으로 타인과의 관계 속에서 일상을 살아간다. 둘째, 그런 인간의 관계적 삶이 모여 사회를 형성한다. 셋째, 인간은 자신이 만들어놓은 사회에 영향을 받는다. 별다른 이견(異見)이 없을 듯하지만, 꼭 마지막 지점에서 논쟁이 붙는다. 사회적 동물이란 뜻이 '인간이 사회로부터 자유로울 수 없다'는 식으로 해석되는 것에 부담을 느끼는 사람이 적잖이 있기 때문이다. 이들은 사회가 어쩌하든, 자신은 '스스로 합리적으로 판단하는 사람'임을 강조한다.

우리에게 정말 '자유의지'가 있는가

이때 자주 등장하는 단어가 '자유의지'(free will)다. '자유의지'란 말 그대로 의지가 자유로운 상태다. 이는 행동과 의사 결정을 스스로 할 수 있으며, 외부의 강요에 상관없이 선악(善惡)에 대한 옳은 판단을 내리는 인간의 특징을 말하는데 그 존재 유무에 대한 논쟁은 매우 뜨겁다. 이 개념을 긍정하면, 인류의 끔찍한 전쟁사를 비롯하여, 홀로코스트, 노예제도, 마녀사냥, 테러 등 도무지 인간이 했다고는 믿기지 않는 사건들을 설명할 길이 없다.

군이 역사 '속' 잔인한 장면을 떠올리지 않더라도, 일상에서 인간의 폭력성은 곳곳에서 발견된다. 사람들은 고작 운동경기 결과에 흥분한 나머지 상대편 응원단에게 폭력을 행사하거나 혹은 남의 차 위에 올라가 민폐를 끼치기도 한다. 인터넷 악플들은 또 어찌 설명하겠는가. 익명성에 기댄 짐승들은 무수하다. 이런 폭력적인 경우가 아니라도 우리가 정말로 자유롭게 생각할 수 있는지 의문이 드는 지점이 많다. 어릴 때부터 쳇바퀴 같은 일상 속에서 살고 있는 현대인들이 도대체 어떤 자유의지를 갖고 있단 말인가? 남들도 하니 하고(do), 남들에게도 있으니 사고(buy), 다들 그렇게 생각하니 자신도 그렇게 생각하는 게(think) 바로 우리 자신들 아닌가? 하지만 자유의지를 쉽사리 부정하기도 어렵다. 동물에게는 없다는 '이성'을 지닌 인간만의 놀라운 특징은 어떻

나는 태어나자마자 속기 시작했다

게 설명하겠는가? 인간이 동물에 비해 월등한 문명을 이룩한 것은 주지의 사실 아니던가. 단지 기술적인 발전만이 아니다. 민주주의라는 정치제도와 '시민'이라는 품격 높은 개인의 등장이 자유의지를 지키려는 강렬한 열망이 있었기에 가능했음을 부인할 사람은 없다. 이 양극의 주장은 한쪽의 선택을 강요하는 것 같지만, 어느 쪽이든 역사의 맥락을 근거 삼아 서술하는 것이기에 나름의 일리가 있다. 그렇다면 이분법적으로 생각하지 말고, 두 지점을 합쳐 다음과 같이 말해보자.

"인간이라면 누구에게나 자유의지가 있다. 하지만 누구나 그것대로 살지는 않는다."

이렇게 본다면 자유의지의 존재 유무는 중요치 않다. 우리는 그것을 자유롭게 보장받을 수 있는 사회, 혹은 그렇지 못한 사회에 살고 있을 뿐이다. 하나 더 보탠다면, 자신이 생각하고 행동하는 것을 그저 자유의지라고 '착각'하는 사람들이 모여 있는 사회도 있다. 즉, 의지의 '자유로움'은 나의 선택이 아니라 자신이 어떤 사회에 속해 있느냐에 따라 그 보장 정도가 다를 뿐이다. 그래서 '같은' 인간이겠지만, '다르게' 살아간다.

짐 캐리 주연의 영화 〈트루먼쇼〉(The Truman Show, 1998)는 자유의지를 갈망하는 인간의 모습을 잘 보여준다. 주인공 트루먼은 자신의 일거수일투족이 TV 화면에 생방송으로 나가고 있다는 것을 모른다. 집, 회사, 마을은 세트장이고 가족, 이웃, 친구는 모두 연기자들이다. 혹시나 마을을 떠날 것을 우려한 제작진은 트루먼이 어릴 때, 아버지가 바다에서 사고를 당해 죽은 걸로 꾸며서 배를 타는 것에 대한 공포심을 심어놓았다. 그 가상의 공간에서 트루먼은 자신의 생각이 '자유의지'인 줄 착각하면서 살아간다. 그런 상황에 처한 주인공이 진짜 자유를 찾아가는 과정이 영화의 핵심이다. 트루먼은 고비 때마다, 주변으로부터 "여길 떠나면 너만 고생이다. 그냥 머물러라"는 충고를 듣지만 그는 용기를 내서 새로운 세상으로 발을 내딛는다. 이 영화에 많은 이들이 공감한 이유는 트루먼이 살았던 '특정한 삶의 방식만을 강요하는' 가상의 세트장이 우리가 사는 현실과 별반 다르지 않기 때문이다. 아울러 자유의지를 찾아 떠난 트루먼과 그렇지 못한 자신의 처지가 오버랩되었을 것이다. 그만큼 우리에게 자유의지가 보장되어 있기보다는, 그것을 실천하지 못하게 하는 주변의 압박이 강하다는 방증이다.

'강한 멘탈'이 없어도 인간답게 살 수 있는 사회

우리, 그러니까 한국에서 살아가는 우리들은 '무엇을 생각해야 하고', '어떻게 행동해야 하는지'를 강요하는 환경에 둘러싸여 있다. 부모님이, 선생님이, 친구들이, 동료들이, 언론들이, 그리고 광고들마저 끊임없이 말한다. "이렇게 해라! 그렇지 않으면 큰일 난다!" 여기에 익숙해지면 '모름지기 인간이라면 이렇게 사는 것이 당연한 것 아닌가!'라는 식의 뻔뻔스러운 합리화가 만연해진다. 철저하게 자유의지가 박탈당했지만 그것조차 모르는 자신의 모습이 〈트루먼쇼〉에 투영되었기에 많은 이들이 공감했던 것이다. 이는 나쁜 사회를 향한 불만이기도 하다.

하지만 프롤로그에서도 언급했듯이, 많은 이들이 사회가 '잘못되었다'고 말은 하지만, 실제 자신의 삶에서는 사회를 개선시키기보다 어떻게든 그 사회에서 생존하기 위해 안간힘을 쓴다. 전자와 후자는 묘한 인과관계가 있다. 일반적으로 사회가 부당하면 자연히 개인이 사회에 수정을 요구한다. 그런데 사회의 부당함이 '임계점'을 넘어서면 사람들은 체념한다. 사회를 붙들고 무언가를 말하는 것이 계란으로 바위를 친다는 느낌이기 때문이다. 그러면서 일단 '나'부터 살고 보자는 태도를 장착한다. 그렇게 되면 사회가 어떤지와 무관하게 '내가 내 삶을 주도하고 있다'는 착각에 빠진다.

우리는 이 착각을 깨트려야 한다. 사회는 명백히 존재하고 그것은 '나에게' 영향을 끼친다. 그러기 위해서는 사회라는 존재가 내 피부와 밀접히 닿아 있음을 느껴야 한다. 그것을 인정해야지만, 우리는 사회 변화를 적극적으로 촉구할 수 있고 그 덕을 볼 수 있다. 비상식적인 사회를 버티기 위해 '강한 멘탈'을 만들기보다는 존재만으로도 인간다움을 보장받을 수 있는 사회를 희망하는 편이 훨씬 도덕적이며 아울러 실용적이다.

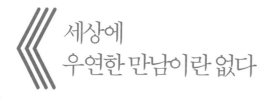

세상에
우연한 만남이란 없다

이 지구상 어느 한 곳에 요만한 바늘 하나를 꽂고 저 하늘 꼭대기에
서 밀씨를 딱 하나 떨어트리는 거야. 그 밀씨가 나풀나풀 떨어져서
바늘 위에 꽂힐 확률, 바로 그 계산도 안 되는 기가 막힌 확률로 너
희들이 지금 이곳 지구상에 그 하고 많은 나라 중에서도 대한민국
그중에서도 서울, 서울 안에서도 세영 고등학교, 그중에서도 2학년
그걸로도 모자라서 5반에서 만난 거다. 지금 니들 앞에 옆에 있는
친구들도 다 그렇게 엄청난 확률로 만난 거고 또 나하고도 그렇게
만난 거다. 그걸 인연이라 부르는 거다.

2000년에 개봉한 영화 〈번지점프를 하다〉에서 고등학교 교사인 서인우(이병헌 분)는 칠판에 줄 하나를 긋고, '인연'에 대한 인상적인 말로 새 학기 인사를 한다. 인터넷에는 이때의 대사가 정확히 무엇인지를 묻는 질문이 많다. 그럴듯하고, 누구나 한 번쯤은 써먹고 싶을 정도로 뭔가 뭉클하기 때문이다. 우리들의 삶 자체가 낯선 사람들과의 만남의 연속이니 더 그러하다. '설명할 수 없는' 우연한 만남이 인연이라니, 아름답지 아니한가.

인연을 만드는 건 사회 구조

하지만 인연의 대부분은 필연적이다. 그것은 설명되지 않는 우연이 아니라 명백히 설명 가능한 사회적 이유에서 발생하는 우연이기 때문이다. 사람들은 스스로의 의지에 기반한 결정에 무슨 사회적 이유가 있느냐고 반문하겠지만 그것을 추동시키는 진원지는 단연코 사회이다. 특히나, 그 인연이 교육 활동 과정에서 이루어진 것이라면, 게다가 장소가 '한국'이라면 더 그렇다. 고등학교에서 만난 인연을 어떻게 설명할 수 있을까? 우선적으로는 달라진 시대적 특징을 말할 수 있다. 불과 백여 년 전만 하더라도, 고등학교에 다닌다는 것은 소수에게만 허락된 기회였다. 한국에서 중학교 졸업자의 70% 정도가 고등학교에 진학하게 된 것도 1970년대 이후의 일이다. 개인의 교육 기간이 길어진 데에는 여

나는 태어나자마자 속기 시작했다

러 사회적 요인이 있다. 산업화는 농업 이외의 여러 직종을 창출했고 개인이 새로운 직업을 획득하기 위해서는 특정한 교육을 받아야 했다. 대충 글만 배우고 얼른 노동에 투입되는 것보다 좀 더 긴 시간 동안 학교에 다닌 후 노동시장에 진입하는 것이 생존에 더 유리해졌기에, 부모들은 자녀들의 교육 기간을 연장했다. 최소한 고등학교는 나와야 일자리를 구할 수 있었기 때문이다. 이런 변화된 '사회적 조건'이 없었다면 교실에서의 인연은 불가능하다. 초등학교, 중학교 정도에서 학교를 그만두면 '큰일 나는' 사회의 등장, 그것이 인연의 시작인 셈이다.

여기까지는 매우 굵직한 덩어리로서 시기적 절단을 한 다음, 과거와 현재의 사회적 차이를 말한 것이다. 여기서 위에서 말한 교육과정의 장소가 '한국'이라는 점에 주목해보자. 지금의 고등학교 교실에서 이 '인연'이 소개된다면, 한국은 이를 특목고, 일반고, 특성화고로 구분해서 봐야 한다. 고등학교의 삼등분(?)은 아주 오래전부터 있었다. 다른 나라도 유사한 체계를 가지고 있다. 하지만 '기득권 계층'에 진입하기 유리하다는 이유로 특정 계열의 고등학교가 '갑작스레' 증가한 것은 굉장히 한국적 특징이다. 어느 사회나 '어느 고등학교 나오면 이름 있는 대학에 진학하기 쉽다'(혹은 아니다)라는 평판이 있겠으나, 그것이 전체 교육의 지형을 무조건적으로 지배하지는 않는다. 아래 기사에서처럼 교육 현장에서 느끼는 '개인의 열패감'은 어떤 사회에서나 볼 수 있는 당연한 현상은 아니다.

　　서울에 특목고만 10개 있었을 때 ㄷ중에서 특목고를 준비하는 학
생은 한 반 34~35명 가운데 5명 미만이었다. 이들이 다소 특별한
경우에 해당했을 뿐, 특목고 준비반에 포함되지 않는다고 좌절감을
느끼는 학생은 많지 않았다. 하지만 2013년 ㄷ중에서 특목고 7명,
자율형 사립고 75명 등 30%가 넘는 학생이 특목고와 자사고로 입
학하게 되자 상황이 달라졌다. 거기에 끼지 못한 학생들이 성적이
나 가정 형편에 따른 '자기 한계'를 좀 더 분명하게 자각하게 됐다.
친구들끼리 '자사고'를 갈 수 있는지 아닌지 성적이나 가정 형편으
로 '구별 짓기'를 하기도 한다. ㄷ중 교사는 "일반고에 진학할 학생
들은 패배 의식을 느낀다. 일반고 슬럼화라고 하지만, 그걸 이미 중
학교 때부터 내재화하는 것이다. 일반고에 간다는 건 일종의 낙오
자가 된다는 뜻인데, 왜 일반고가 '어린 학생들이 감수하고 각오해
야 할 대상'이냐"고 반문했다. 이 교사는 "자사고에 못 가는 아이들
은 '자사고도 못 가는 처지에 무슨 좋은 대학이냐'는 식으로 자포자
기할 수 있다"고 걱정했다.[3]

　　'일반고'는 말 그대로 일반적인 고등학교를 말한다. 그래서 '특
목고'라는 단어 자체가 없었던 예전에는 '외국어고'라든가 '과학
고'로 진학하는 친구들이 유별나게 공부를 잘해서 '그곳에' 갔을

　　　　　　　　　　　　　　　나는 태어나자마자 속기 시작했다

뿐이다. 하지만 어느 날부터 특목고가 이름 있는 대학에 가기 위한 필수 코스가 되면서 일반고에 진학한 학생들은 '나는 특목고에 가지 못한 패배자'라고 생각한다. 공부 의욕이 떨어지니 실제 대학 진학 수치도 나빠진다. 자연스레 '일반고 가면 대학 못 간다'는 공포가 사회를 지배한다. 그 결과 한국 사회는 '아주 어릴 때부터' 특목고에 속하기 위한, 또는 특목고가 아닌 곳에 속하지 않기 위한 준비가 당연해진다. 하지만 공부에 대한 의지만으로는 불가능하다. 가정의 경제적 수준은 의지의 실현 여부에 지대한 영향을 미친다. 이런 차이가 어떤 고등학교에서 '만나는지'를 결정한다.

몇 년 전만 해도 특목고 입시는 강남과 목동 등 일부 지역과 최상위권 학생들에게만 국한된 문제였다. 하지만 특목고 출신들이 주요 명문대를 휩쓸고 일반 고교보다 교육 여건이 좋다는 입소문이 퍼지면서 특목고를 노린 사교육 광풍은 강남을 넘어 일반 중학교로 확산됐다. 준비 연령도 초등학생까지 갈수록 낮아지는 추세다. 초·중학교 공교육이 학생들의 진학 지도를 사실상 방기하는 사이 '상위권 학생은 초등학교 5학년 때 준비를, 안정적으로 하려면 4학년부터', '아빠의 경제력과 엄마의 정보력이 특목고를 좌우한다'라는 슬로건을 내건 학원들이 아이들과 교육 시장을 접수한 것이다.[4]

차별이 만들어 낸 슬픈 결과, 교육열

비상식적인 입시 문화는 유치원도 가기 전부터 사교육에 매달리는 풍토를 만들었다. 우리나라 만 5세 이하 아동의 84%가 사교육을 받고 있다.[5] 유치원에 다니기 전부터 거듭되는 경쟁의 결과는 경험이 유사한 사람들을 수직 계열화하여 분류시킨다. 사회가 강요한 삶의 법칙에 동질화된 정도에 따라 사람들은 '끼리끼리' 모이게 되고 그 안에서 우리는 낯선 누군가를 만난다. 'ㅇㅇ고'라는 공간은 그런 경쟁의 결과물이다. 'ㅇㅇ고'에서의 인연은 과거에 학원을 '얼마만큼' 다녔고 시험 이외의 것을 '얼마나' 절제했는지에 따른 결과다. 사교육에 의존하고, 대학 입시에만 목을 매야 하는 한국 사회의 현실이 없었더라면 이런 '인연'은 불가능했다. 이것을 대학교로, 직장으로 연장해서 생각해보면 그곳에서 우연히 만난 인연 역시 '사회적 인과관계'로 설명할 수 있다. 경쟁이 한 단계 더 이루어지면서, '모인 사람들'의 동질화는 강해진다. 서울대 학생 A와 B는 삶의 궤적이 흡사하다. 그래서 이 둘의 만남은 '놀라 자빠질' 일이 아니다. 중산층 이상의 가정에서 태어나 초등학교 때부터 사교육을 받을 수 있었고, 또 성적을 올릴 수 있다면 무엇이든지 마다하지 않은 부모가 없었다면 서로의 삶은 엇갈렸을 확률이 매우 높았을 거다. 소수의 특목고, 자사고 출신이 명문대 학생들의 다수를 차지하는 현실에서 이는 과장된 추

나는 태어나자마자 속기 시작했다

론이 아니다. 대기업에 입사한 C와 D의 삶도 마찬가지다. 이들은 스펙 관리에 철저했고 어학연수쯤은 기본으로 갔다 왔다. 그 선택을 가능케 했던 조건들은 인간의 의지로 설명할 수 없다(돈이 없는데 어떻게 해외로 나갈 의지가 생기겠는가?).

세상의 모든 사람들이 우리처럼 이토록 대학에 집착하고, 대기업 정규직에 목숨 걸지는 않는다. 물론 그 원인은 사회에 있다. 일단 한국 사회에서는 대학을 선택하지 않는 게 쉽지 않다. 대학을 가지 않으면 큰일 나는 상황은 대학 중에서도 (속칭) '서열이 높은' 대학을 가야 하는 집착으로 이어진다. 한국 사회에서 출신 대학은 취업, 연애, 결혼에까지 지대한 영향을 미친다. 누구와 결혼하는지는 개인이 축적할 수 있는 전체 자산의 크기를 결정하고 자신의 자녀에게 투자할 사교육의 크기를 결정한다. 이 사교육의 총량과 자녀의 성공은 밀접히 이어져 있다. 궁극적으로 자녀의 안정적인 경제활동은 자신의 노후와 무관치 않다. 이렇게 꼬리에 꼬리를 무는 현실이 엄연히 있으니, '어떤' 대학에 간다는 것이 어찌 중요하지 않을 수 있겠는가. 만약 한국 사회의 대학 서열화 문제가 이 정도까지는 아니었다면, 대졸자와 고졸자의 임금 격차가 터무니없을 정도로 차이 나지 않았다면, 대기업과 중소기업의 사회적 인식차가 상식적인 수준이었다면, 창의적인 삶을 선택해도 사회 안전망 덕택에 경제적 궁핍에 빠질 확률이 지금의 현실보다 낮았다면, 사람들의 선택은 달라질 수 있다. 한국인의 교육열은 교육에 승부를 걸지 않으면 차별받을 수밖에 없는 한국 사회의 특수성이 빚어낸 '슬픈' 결과일 뿐이다.

나는 태어나자마자 속기 시작했다

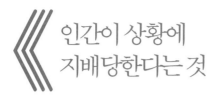

인간이 상황에 지배당한다는 것

중앙에 긴 막대기가 세워져 있는 한 방에 원숭이 네 마리를 넣는다. 막대기 위에는 바나나가 매달려 있다. 배고픈 한 원숭이가 바나나를 먹으려고 막대기에 올라타는 순간, 천장에서 찬물이 쏟아진다. 다른 원숭이들도 똑같이 해보지만 찬물을 뒤집어쓸 뿐이다. 여러 차례 물벼락을 맞은 뒤 원숭이들은 막대기 근처에 가지 않게 된다. 이후 실험자는 천장의 물을 잠그고 물에 젖은 원숭이 한 마리 대신 다른 원숭이를 방으로 들여보낸다. 바나나를 발견한 새 원숭이는 막대기로 다가가려 하지만 기존 원숭이들이 말린다. 경험상 찬물을 뒤집어쓸 게 뻔하기 때문이다. 물에 젖은 원숭이 대신 새로 들어온 원숭이는 매번 막대기에 오르는 것을 저지당한다. 시간이 흘러 방

에는 한 번도 찬물을 맞은 적이 없는 원숭이들만 존재하게 됐는데
도 아무도 막대기를 타고 올라가려 하지 않는다. 막대기에 왜 올라
가면 안 되는지조차 모른 채 그저 막대기를 멀리한다.[6]

'화난 원숭이 실험'(angry monkey experiment)의 한 장면이다.
실제 이 실험을 실행했다는 증거는 없다. 이 실험이 유명해진 것
은 경영학의 대가들인 게리 해멀(Gary Hamel)과 C. K. 프라할라
드(C. K. Prahalad)가 1996년에 출간한 『시대를 앞서는 미래경쟁
전략』(원제: Competing for the future)에서 '한 친구로부터 들은
이야기'라고 언급하면서부터다. 많은 사람들 사이에 회자되면서
찬물이 전기로 바뀌기도 했고 베르나르 베르베르의 『상상력 사
전』에서는 원숭이 대신 침팬지가 등장하기도 했는데 그 진위 여
부가 중요한 건 아니다. 사람들이 이 실험을 언급하는 것은 '원
숭이가 이렇더라!'는 것을 말하기 위해서가 아니라 사람들의 '학
습된 무기력'을 설명하는 데 매우 적합하기 때문이다. 누구나 자
신의 삶 안에서 '바나나'와 '바나나를 만지지 못하게 하는 외부
의 압박'을 찾는 건 어렵지 않다. 실험의 맥락처럼, 사람들은 '직
접 확인하지도 않고 그저 들은 이야기만으로도' 어떤 것에 대한
고정관념을 가져버리기 일쑤다. 당신은 그런 상황의 피해자일 수
도, 가해자일 수도 있다. 이 글을 읽는 당신도 학창 시절 부모님
이나 선생님들로부터 "쓸데없는 생각 하지 마라! 시험에 나오는

나는 태어나자마자 속기 시작했다

거만 공부하면 된다!"라는 말을 무수히 들었을 것이다. 기업이라는 조직 안에서도 마찬가지이다. "확실하지 않으면 괜히 소란 일으키지 마라! 매뉴얼에 따라 안전한 걸 해라"는 말을 하는 사람도, 듣는 사람도 있을 것이다.

학습된 무기력에도 정도가 있다

이 메시지에는 주의해야 할 점이 있다. 먼저 이 실험을 '누구나 외부의 압박으로부터 자유로울 수 없다'는 식으로 이해해서는 안 된다. 이럴 경우, 사람마다 주어진 조건이 다름에도 불구하고 모든 이들에게 보편적인 조건을 적용하여 '상황이 어떠하든 인간이 스스로의 의지로 이겨내야 한다'는 엉뚱한 결론을 낼 위험이 있다. 이 실험에 등장한 '찬물'이 개인이 새로운 것을 시도할 때 경험하게 되는 세상의 벽이라 생각해보자. 이 찬물의 용량은 사회마다 같을 수 없다. A라는 공간에서는 그저 부모님의 노파심 정도의 찬물이고 B라는 공간에서는 부모님뿐만 아니라, 교육 시스템이나, 획일화된 가치만을 반복하는 미디어라고 한다면 여기서 살아가는 개인들의 '학습된 무기력'이 더 클 수밖에 없다. 당연히 그것을 '깨트리기도' 만만치 않다. 이 차이를 이해하지 않는 사회에서는 그저 '언제나'(예전이나 지금이나), 그리고 '누구나'(이

곳에 살든지, 저곳에 살든지) 인간이라면 그런 것이기에, 스스로가 '정신을 바짝' 차려야 한다는 전통적인 조언이 난무한다. A사회든, B사회든 찬물은 동시에 존재하지만 그 '물줄기의 강도'는 같지 않다. 찬물이 '어느 정도라면' 개인이 '정신 좀 차리면' 문제를 극복할 수 있지만 어느 정도를 넘어서면 개인의 힘으로는 결코 해결할 수 없다.

다음으로 주의할 점은 '인간은 외부의 압력으로부터 자유롭지 못하다'는 의미를 유연하게 해석해야 한다는 것이다. 우리의 사고가 사회에 구속되어 있다는 것은 '강제적 지배'를 뜻하는 게 결코 아니다. 사람들은 자신의 존재가 사회에 영향받는 것을 '억압된 통제'의 개념으로 받아들이는 것에 예민하다. "개인의 자기 결정권이 존중받는 이 시대에 그 무슨 가당찮은 말이죠?"라고 항변한다. 그래서 외부 압력의 의미를 다음처럼 부드럽게 받아들여야 한다. 인간의 주체적 사고를 도와주는 사회적 배경(외부 압력)이 있는 곳에서는 자유로운 개인이 많을 수밖에 없다. 자유 역시 '자유로울 수 있는 환경'에 구속된 결과란 말이다.

EBS 〈인간의 두 얼굴〉에 등장한 다음의 실험을 보자. 대학생 여러 명을 강당에 모아두고 10분간 문제를 풀게 한다. 실험 대상자는 한 명이고 나머지는 연기자들이다. 강당 안으로 연기가 들어오면 연기자들은 별다른 관심을 보이지 않는다. 피험자는 연기를 보고 걱정을 하지만 주변에서 아무도 반응하지 않기에 묵

나는 태어나자마자 속기 시작했다

"사회가 어떻든 난 상관없어.
나는 자유의지를 가진 인간이니까."

묵히 문제를 푼다. 하지만 강당에 연기자들을 빼고 피험자 한 명만을 두고 같은 실험을 하면 결과는 달라진다. 문제를 풀던 학생은 연기를 보자마자 문을 열고 뛰쳐나간다. 후자는 전자에 비해 훨씬 '자유로운' 판단과 행동을 했다. 그렇다면 전자는 '주변 환경'에 구속당한 것이고 후자는 구속을 이겨낸 것인가? 아니다. 두 경우는 주변의 눈치가 많은 사회와 그렇지 않은 사회의 차이를 말해준다. 즉 인간은 철저히 상황에 지배당하고 있다는 것이다. 물론 이 극과 극 사이에도 정도에 따른 다양한 사회들이 존재한다. 그러니 "사회가 어떻든 난 상관없다"는 말은 틀렸다. 상관이 없을 수가 없다. 개인적 자유로움의 '정도'는 사회가 그 조건을 제공하는 '정도'와 비례한다.

평범한 인간은 어떻게 악인이 되는가

인간이 외부 환경에 어떻게 영향받고 있는지를 증명한 고전적인 실험들이 여러 가지 있다. 먼저 솔로몬 애시(Solomon Asch)의 '동조 실험'(conformity experiment)을 보자. 한 장의 카드에는 길이가 다른 세 개의 선이 그려져 있고 다른 선 하나를 제시하면서 '같은 길이'의 선을 고르라고 한다. 도대체 누가 이걸 모르겠는가. 하지만 8명의 대상자 중 7명이 연기자고 피험자가 마지막에 대답을 해야 한다면 상황은 달라진다. 먼저 대답하는 7명이 오답을 말할 경우, 피험자가 오답에 동조할 확률은 30%가 넘는다. 그리고 7명 중 한 명이라도 정답을 말할 경우, 피험자의 오답률은 4분의 1로 줄어든다.[7] 이 집단 압박의 정도는 사회마다 다르다. 소신껏 말할 수 있는 분위기가 보장된 사회에서는 상대적으로 그릇된 결정을 할 확률이 줄어든다. 한국인들이 주변 사람의 눈치를 보는 건 타고난 기질이 아니라 '눈치를 주는' 요소가 많기 때문이다.

2차 세계대전 이후, 나치의 잔인한 '홀로코스트'를 보면서 "평범한 인간이 얼마나 잔인해질 수 있는가?"라는 질문을 던지는 학자들이 많았다. 미국의 사회심리학자, 스탠리 밀그램(Stanley Milgram)도 '권위에 대한 복종'(Obedience to Authority) 실험을 통해 이를 증명하려고 했다. 이를 기존의 심리학적 접근에서 한 걸음만 옆에서 논의해보자. 피험자는 다른 방에 있는 학습자에게 문제를 출제해야 한다. 그리고 오답을 말할 때마다 전기 충격을 가한다(물론, 전기 충격은 가짜고 학습자는 연기자다). 전기 충격은 15v부터 시작해서 15v 단위로 450v까지 가능하다. 그리고 각 v마다 고통의 정도가 표시되어 있다. 15v는 약간 충격, 75v는 중간 충격, 135v는 강한 충격, 195v는 매우 강한 충격, 255v는 극심한 충격, 375v는 심각한 충격, 그리고 마지막 450v에는 충격의 수위가 측정 불가능하다는 의미로 'XXX'라고 표기되어 있다.

버튼을 누르면 상대가 '얼마만큼' 고통받는지를 명백히 아는 이 상황에서 과연 인간이 '나쁜 행동'을 할 수 있을까? 전문가들을 상대로 사전 설문조사를 해보니 '대부분의 참가자들이 150v 정도에서 그만둘 것이다'고 답했다. 하지만 실제 실험에서는 무려 65%가 450v 버튼을 누른다. 그리고 아무도 300v가 되기 전에 멈추지 않았다. 여기까지는 익숙한 이야기다.

이 논의에서 '사회'라는 상황을 좀 더 입체적으로 이해시키기 위해서는 실험의 조건들을 유심히 살펴보아야 한다. 밀그램은 피험자들이 거부 의사를 밝힐 때마다 하얀색 가운을 입은 연기자가 '4단계의 자극 문구'를 순서대로, 그리고 단호하게 강요토록 했다. 문구는 '계속하세요(1단계)→실험을 위해 계속해야 합니다(2단계)→반드시 계속해야 합니다(3단계)→당신은 어떤 선택권도 없습니다, 계속해야만 합니다(4단계)'로 이어졌다.[8] 4단계의 자극 문구를 말해도 피험자가 전기 버튼을 누르는 것을 거부하면 실험은 종료된다. 이 자극 문구의 단계는 우리가 일상에서 경험하게 되는 외부 압박과 동일하다. 실제 실험에서 3단계의 'You must continue'라는 강요는 굉장히 효과적이었다. 'must'라는 어휘가 담고 있는 '해야만 한다'(=하지 않으면 안 된다)는 의무, 강제의 분위기가 한순간에 사람을 통제하기 때문이다. 이 변수의 유무 때문에 밀그램의 실험은 '마크 하우저'(Marc D. Hauser)의 '붉은털원숭이 실험'과 곧잘 비교된다.

실험의 내용은 유명하다. 레버를 당기면 먹이가 나오지만 동시에 다른 원숭이에게 전기 충격이 가해지는 걸 알게 된 원숭이는 15일간 레버를 당기지 않았다. 이 실험은 인간의 이기심을 말할 때 비교 사례로도 자주 인용되고 또 '도덕의 선천성'에 대한 논쟁에서도 단골 사례다. 하지만 무엇보다도 이 실험에서 가장 중요한 핵심은 "명령하는 권위자가 없었다는 사실"이다.[9]

그렇다면 습관적으로 'must'가 남발되는 사회가 그렇지 않은 사회보다 '권위에 복종'하는 비율이 높지 않을까? 한국은 압도적이다. 스스로를 돌아보자. 당신은 "넌 지금 이럴 때가 아니야!", "성공하려면 이것을 반드시 해야 해!" 등의 논리에 일상적으로 노출되어 있다. 노골적으로 말해 한국의 부모들이 자녀들에게 강요하는 것은 실험실에서 450v의 전기 버튼을 누르는 것과 크게 다르지 않다. 우리 사회에서 출생부터 대학 졸업까지 평균 자녀 양육비는 3억 1000만 원이다.[10] 그리고 우리나라 청소년의 행복지수는 세계 꼴찌 수준이다. 이는 사교육이 '가학(加虐)' 수준이라는 것을 말해준다. 왜 이런 일이 벌어진 것일까? 한국의 부모들은 원래 이런 성향일까? 물론 그렇지 않다. 한국 사회를 살아가는 부모들 역시 주변의 무수한 'must'라는 압박에 시달리고 있다. '자녀 교육은 이렇게 해야만 한다', '지금 시키지 않으면 나중에 큰일 난다'는 식으로 다가온 협박의 '총량'이 엄청나다. 그러니 청소년 사망의 원인 중 1위가 '자살'이고 그 사유 중 첫 번째가 진학 및 학업 문제인 것은 어쩌면 당연한 결과다.

레고는 왜 미국보다 독일에서 잘 팔릴까?

그런데 'must'라고 해서 반드시 동조를 이끌어낼 수 있을까? 밀그램의 실험을 독일인을 대상으로 해보니 450v 전기 충격을 가한 사람이 무려 85%나 됐다.[11] 동일한 조건의 실험에서 '다른' 결과가 나왔을 때 그 원인을 무엇으로 봐야 할까. 이 결과는 미국과 독일의 역사적 차이와 무관치 않다. 독일의 경우 '질서'를 상대적으로 '더' 강요했던 역사가 있다. 히틀러가 나치의 사상을 독일 국민에게 퍼트릴 수 있었던 결정적 이유 중 하나가 '엄격한 교육 시스템' 덕분이었다. '위로부터' 일방적으로 주어지는 가르침에 익숙할 수 있는 건 그것을 거부하는 것을 '질서를 깨트리는 개념'으로 이해하기 때문이다. 역설적이게도 전쟁 패망 후, 독일이 단기간에 안정적인 사회 시스템을 다시 구축할 수 있었던 것도 이 '질서'에 관한 집착 때문이었다. 실제로 독일 사람들은 다른 유럽인들에 비해 질서, 좀 넓게 표현하자면 '정확성'에 집착하는 남다른 문화적 기질이 있다. 그래서 아이들이 특정한 장난감을 가지고 노는 스타일의 차이를 야기하기도 하는데 '레고'가 미국보다 독일에서 잘 팔린 이유를 여기에서 찾는 것도 가능하다.

나는 태어나자마자 속기 시작했다

덴마크의 장난감 회사인 레고가 미국에서는 어려움을 겪었지만, 독일에선 즉각 성공을 거둔 것 또한 독일인의 특유한 '질서' 코드 때문이다. 레고 경영진은 자신들이 성공한 것은 블록 상자마다 들어있는 훌륭한 설명서 덕분이라고 믿었는데, 미국에선 전혀 엉뚱한 일이 일어났다. 어린이들이 아예 설명서를 읽지 않은 채 자기들 멋대로 이런저런 조립물을 만들어내는 게 아닌가? 그래서 미국 어린이들은 레고 한 상자로 여러 해를 놀 수 있었기 때문에 레고가 많이 팔려나가기 어려웠다. 반면 독일은 어땠는가? 프랑스의 문화 인류학자 클로테르 라파이유는 다음과 같이 말한다. "독일 어린이들은 레고 상자를 열면, 설명서를 찾아서 자세하게 읽은 다음 블록들을 색깔별로 분류했다. 그들은 설명서에 있는 명쾌하고 자세한 그림에 조립 과정을 비교해가며 작품을 만들기 시작했다. 조립이 완료되면, 상자 포장지의 모형과 똑같은 복제품이 생겨났다. 어린이는 그것을 어머니에게 자랑하고 어머니는 손뼉을 치며 칭찬해준 다음 그 모형을 선반 위에 올려놓았다. 따라서 이제 독일 어린이들은 또 다른 조립 블록이 필요했다."[12]

물론 독일인과 미국인의 특징을 칼로 무 베듯이 단정 지을 수는 없다. 언급된 것은 전반적인 패턴이 그렇다는 것이고 그 사회 내에서 개인에 따라 여러 차이가 있을 것이다. 하지만 이 사례에서 우리는 최소한 '어떤 사람이든 생각하는 것은 다 거기서 거기다'라는 식의 판단이 얼마나 협소한 것인지를 알게 된다. 어떤 사회든 질서 정연함과 자유분방함의 차이가 있고 이것은 'must'에 대한 이해의 차이로 이어진다. 똑같이 '압박'을 해도 사회마다 그 것을 체감하는 정도는 다르니 한쪽은 이를 '조언'으로 받아들이지만, 다른 한쪽은 '협박'으로 생각할 수 있다.

앞서 언급된 애시의 '동조 실험'을 방송국에서 재연한 바 있다. 이때, 오답에 동조한 사람이 이런 말을 한다. "혼자만 다른 답을 이야기한다는 것이, 남들은 정상이고 저는 비정상으로 보일까 봐 두려웠어요." 특정한 판단의 근거에는 이처럼 무서운 인식이 들어 있다. '혼자만의 선택'을 하는 걸 '비정상'으로 느끼는 건 보편적 인간 심리가 아니다. '다르다'를 '틀리다'로 이해하는 경향이 무척이나 강한 한국 사회를 살아가는 사람들의 특징일 뿐이다.

나는 태어나자마자 속기 시작했다

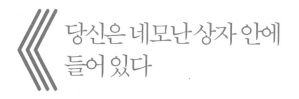

당신은 네모난 상자 안에
들어 있다

사각형을 그려보라. 그 안에 사람 하나를 그려라. 사람을 둘러싼 사각의 '벽'이 바로 사회다. 벽이 단순히 억압을 의미하진 않는다. 이 벽은 한 사회의 역사, 그 역사에 대한 인식, 그 인식으로부터 비롯된 문화, 그 문화에 바탕을 둔 교육 수준과 관용의 정신, 그리고 이 모든 것을 토대로 이루어진 기술혁신과 정치 및 경제 체제의 진보를 의미한다. 당신은 그 벽에서 벗어난 판단을 할 수 있는가? 1900년대 즈음 세계에서 알아준다는 석학들이 모여서 머리를 맞대고 '100년 후 미래 사회를 위해 준비해야 할 것'을 고민한 결과는 '말똥 문제 해결'이었다.

자동차가 '마차'를 대신할 운송 수단이 될 거라고는 상상도 할 수 없는 사회적 벽 안에서는 아무리 똑똑한 사람들이 고민을 한들 마찬가지이다. 크리스토퍼 콜럼버스가 '죽을 때까지' 자신이 발견한 땅을 인도의 서쪽쯤으로 믿었던 이유도 마찬가지다. 그가 손에 쥐고 있던 지도는 고대 그리스 과학자 '클라우디오스 프톨레마이오스'가 1000년도 더 전에 제시한 자료를 토대로 제작된 것이었다.[13] 제아무리 콜럼버스라 해도 지구에는 유럽, 아프리카, 아시아 대륙만이 있다고 믿었던 당시의 '지리학적 한계'에서 벗어날 수는 없었다. 아직도 아메리카 대륙의 원주민들을 '인디언'(인도 사람)이라 부르고, 인도에서 1만km 이상 떨어진 곳을 '서인도제도'라 지칭하는 데에는 이런 역사적 배경이 있다.

성서에 공룡이 나오지 않는 이유

성서 이야기는 더욱 흥미롭다. 어린 시절, 성당의 주일학교에서 '노아의 방주' 이야기를 들을 때였다. 죄 지은 인간들 이야기는 일곱 살 꼬맹이에게 관심사가 아니었다. 나는 오직 '아주 큰 배에 동물들을 한 쌍씩 태운다'는 스펙터클함에 매료되었다. 공룡도 배에 탄다니 어찌 흥분되지 않을 수 있단 말인가. '티라노사우르스'와 '브라키오사우르스'가 함께 타는 배라면 그 크기가 어떠할지 상상만 해도 입이 다물어지지 않았다. 그런데 선생님이 설명

나는 태어나자마자 속기 시작했다

해주시는 내용에는 끝내 공룡이 등장하지 않았고 배의 문은 닫히고 말았다. 그리고 40일간 비가 내린다. 아…그래서 공룡이 멸종한 것이란 말인가?(실제 이런 황당한 주장이 있다.)

성서에 공룡이 묘사되지 않는 것은 개인이 사회라는 울타리를 벗어난 판단이 불가능하다는 것을 단적으로 보여준다. 공룡이 멸종하고 그 화석은 아주 오래전부터 지금까지 인간 사회에 존재했다. 하지만 그것을 '파충류처럼 보이지만 파충류는 아닌 다른 생명체'라고 인식하기 시작한 것은 근대과학이 싹트기 시작한 이후였다. 1822년 영국의 의사 기드온 멘텔(Gideon Mantell)이 공사장에서 우연히 주운 화석에 의아함을 가졌고 그 관심은 학술논문으로 이어져 세상에 알려졌다. 이때부터 공룡에 관한 연구는 본격화된다. 이후, 지구의 역사는 다시 정립되고 이에 따라 교과서의 내용이 수정되면서 과거와는 전혀 다른 교육을 받은 사람들은 신(神) 중심의 패러다임을 더 이상 믿지 않게 된다.

'성서'의 뜻은 '거룩한 책'이지만 공룡 화석이 '발견되기 전'의 사회적 패러다임에서 자유롭지 못하다. 신학적으로 성서는 '성령이 임한 사람'이 저술한 것이기에 오류가 있을 리 없다고 규정되어 있다. 그러나 성서 텍스트의 모든 내용을 사회라는 벽을 고려하지 않고 이해할 수 있을까? 성서 중 집필 시기가 가장 늦은 경우가 AD 100년경이다. 집필자는 서기 100년이라는 사회적 테두리를 벗어날 수 없다. 자신이 알 수 있는 모든 지식을 동원해도 공룡의 존재를 알 턱이 없다. 공룡뿐만이 아니다. 펭귄도 북극곰도 배에 타지 못했다. 지금 '이스라엘'이라 불리는 지역이 어디에 있는지 생각해보라. 지중해 동남쪽, 아프리카와 붙어 있다.

동성애 금지는 하느님의 뜻?

그리스도교(개신교+가톨릭)와 관련된 논쟁 중 상당수는 성서를 당시 맥락으로서 이해하는 게 아니라 '오늘날'의 상황에 적용하기 때문에 발생한다. 한국 개신교의 동성애 반대가 그렇다. 이때, 근거로 제시되는 것이 바로 성서다. 공룡의 존재를 몰랐듯이, 인간의 성적 지향이 다양하다는 걸 이해할 사회적 여건이 없었던 시공간적 배경은 외면한 채, '과거에' 집필된 성서를 현재의 시점에 적용할 수 있을까? 이에 대해 종교학자 오강남은 일침을 가한다.

> 결론부터 말하면 성경에 동성애를 금했기 때문에 동성애를 허용할 수 없다는 주장은 자가당착이라는 것이다. 왜 그런가? 동성애를 반대하는 그리스도인들이 인용하는 성경 구절은 유대교와 그리스도교에서 받드는 성경 레위기 18장 22절이다. "너는 여자와 동침함과 같이 남자와 동침하지 말라. 이는 가증한 일이니라." 새 번역에는 '망측한 짓'이라고 되어 있다. 이 말씀 때문에 동성애는 가증한 일,

나는 태어나자마자 속기 시작했다

망측한 짓으로서, 성경을 믿는 그리스도인이면, 멀리해야 하는 죄악이라 주장한다. 그런데 문제는 레위기에 동성애뿐 아니라 그 당시 유대 사회에서 여러 가지 이유로 바람직하지 못하다고 여겨지던 많은 일들을 금지하고 이런 것들을 어기면 돌로 쳐 죽이거나 기타 처벌을 받도록 규정하고 있다는 사실이다. 예를 들어 새우나 바닷가재, 오징어같이 지느러미와 비늘이 없는 해물을 먹는 것(11:10), (…) 키 작은 이, 습진이나 버짐 등 신체의 결함을 가진 이가 제단에 가까이 하는 것(21:20) 등등이다. (…) 동성애가 성경에서 금하는 규율이기 때문에 절대적으로 받들어야 한다는 생각이라면 성경에 나오는 기타 모든 규율도 다 절대적인 명령으로 받들고 그대로 따라야 할 것이다.[14]

요즘에도 동성애가 익숙한 개념이라 하기 어렵다. 성적 지향(sexual orientation)과 성적 취향(sexual preference)을 구분하지 못하는 사람은 여전히 많다. 취향은 개인의 선호를 말하고 지향은 타고난 방향성을 뜻한다. 이를 혼돈하면 '혐오할' 취향도 있다는 주장이 등장한다. 아마 30년 전에는 '더' 폐쇄적이었을 것이다. 그런데 2000년 전의 사회에서 이에 대한 '객관적인 서술'을 할 수 있었을까. 특히나 그 시절에는 가족이 많을수록 노동력이 증가하여 모두의 삶이 유리해지는 농경 사회였다. 사람이란 모름지기 "생육하고 번성해야"[15] 마땅한 시대였던 것이다. 그러니 동성을 사랑하는 사람은 위험인물이 될 수밖에 없었던 것이다.

가톨릭에서 사제(신부)의 자격에 여성을 제한시키는 것도 마찬가지다. 아무리 생각해도, 왜 그 직업을 남성만 할 수 있는 것인지 모르겠다. 하지만 가톨릭의 입장은 단호하다. 성서에 예수와 그의 제자들이 다 '남성'인 이유는 '사목'(司牧) 활동은 남성이 적합하다는 하느님의 뜻으로 보아야 한단다. 얼마나 우스운 논리인가? 이들이 내세운 근거는 2000년 전 이야기이다. 그 시절에 주인공을 '여성'으로 설정할 수 있었을까? 지금도 온갖 종류의 영웅 이야기들은 남성으로 도배되어 있다. '어떤' 혁명인가도 중요하지만 '누가' 혁명을 주도하는가도 그만큼 중요하다. 그 시절에 '여성'이 주인공인 이야기가 전개될 경우 어떤 독자도 내용에 몰입할 리 없다. '어떻게 여자가 이런 일을 하는 거야? 말도 안 돼!'라는 의문을 가질 것이 뻔하다. 그러니 '남성 위주'로 서술되었을 수밖에 없다. 아버지와 아들(하느님과 예수)이라는 부계 중심의 계승 역시 성서 집필자가 사회의 스테레오 타입을 충실히 반영했다는 증거일 뿐이다. 그러니 '그때'의 책을 '지금'에 적용하면 충돌이 야기되는 건 당연하다.

여기서 과거와 현재의 다른 사회적 기준 중 어느 쪽이 맞는지를 따질 필요는 없다. 현재는 과거에 비해 개인에게 좋은 영향을 끼치는 경우도 있지만 아닌 경우도 많다. 핵심은 개인이 사회라는 벽 안에서 '살아가고 있음'을 부인할 수 없다는 것이다. 그런 사회 안에 자신이 존재한다는 것을 인정할 때, '나를 위해' 어떤 사회를 만들어야 하는지를 고민하는 것도 비로소 가능해진다.

2장

어떤 역사가
어떤 당신을 만든다

역사상의 사실은 순수한 형태로 존재하지 않으며 또한 존재할
수도 없기 때문에 우리에게 결코 '순수한' 것으로 다가서지 않
는다. 그것들은 기록자의 마음을 통과하면서 항상 굴절된다.
E. H. 카[16]

어떤 정부도 역사를 검열할 권리가 없다.
허버트 지글러(Herbert Ziegler)[17]

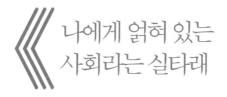

나에게 얽혀 있는
사회라는 실타래

우리는 벽 안에 살지만 그 벽은 고정되어 있지 않다. 벽은 독립된
별채가 아니라 과거와 연결되어 있다. 이는 개인의 일상이 무수
한 사회적 요소와 마치 실타래처럼 얽혀 있다는 뜻이다. 베스트
셀러 『지적 대화를 위한 넓고 얕은 지식』의 저자는 우리가 역사
를 주목해야 하는 이유를 다음과 같이 말한다.

　지금 내가 발 딛고 있는 세계가 매우 독특한 세계임을 아는 것, 내
　가 사는 세계가 지금까지의 인류 전체가 살아왔던 평균적이고 보편
　적인 삶의 모습은 아님을 아는 것이 중요하다. 그래야 이 독특한 세
　계에 발 딛고 서 있는 독특한 자신의 모습을 객관적으로 볼 수 있

다. 왜곡된 '세계'에 서 있는 왜곡된 '나'를 이해하는 것. 이것이 지적 대화를 위한 가장 기본적인 준비다.[18]

　여기서 '왜곡'이란 말은 '나쁘다'의 의미라기보다 자신의 주관이 필연적으로 자신이 서 있는 사회에, 그리고 그 사회가 걸어온 역사에 엮여 있다는 뜻이다. 사람들이 그때 그렇게 반응했다고 지금도 마찬가지로 반응하는 건 아니다.

미국인들은 왜 〈록키〉에 열광했을까?

영화가 관객들에게 공명을 일으키는 경우를 보자. 아카데미 작품상을 받은 〈록키〉(ROCKY, 1976)는 무명 배우였던 실베스터 스탤론을 일약 스타로 만들어준 영화다. 뒷골목 건달 복서가 헤비급 세계챔피언 타이틀매치 도전 기회를 우연히 얻은 후, 사랑하는 사람의 응원을 발판 삼아 열심히 노력하여 비록 판정패하지만 후회 없는 승부를 펼친다는 내용이다. 감동적이지만 한편으로는 최선을 다하면 성공한다는 단순한 소재다. 하지만 이 뻔한 아메리칸 드림에 그 당시 미국인들은 열광한다. 사람이라면 누구나 좋아할 내용이라서가 아니다. 이 현상은 영화 개봉 몇 년 전에 발생한 미국 역사의 두 사건과 밀접히 연결되어 있다. 이 사건들은 미국인의 자존심에 상처를 입혔다는 평가를 받고 있는데 하나는 닉슨 대통령의 '워터게이트' 사건이고 다른 하나는 미국의 베트남전쟁 패배다.

워터게이트 사건은 워터게이트 빌딩의 민주당 전국위원회 본부에 도청 장치가 설치된 것이 발견된 1972년부터, 그 도청을 지시한 윗선이 백악관과 연결돼 있다는 것이 밝혀지면서 닉슨 대통령이 사임하게 되는 1974년까지 일어난 일을 통칭한다. 미국인들은 정부가 비민주적으로 '도청 장치'를 썼다는 것에도 충격을 받았지만 이를 은폐하기 위해 공작 정치를 했다는 것에 경악을 금치 못했다. '정의만이 사회를 지탱한다'(Justice alone sustains society)는 민주주의적 가치가 국가의 근간이라 자부하는 미국에서 도무지 용납되지 않는 일이었다. 그러니 이 사건은 단순한 정치 스캔들로 치부될 수 없었다.

1975년 베트남에서 미군이 철수한 사건 역시 미국인들에게는 놀라운 일이었다. 아시아의 작은 나라와 10년이나 전쟁 끝에 패배한 것도 충격이지만 자유 수호의 가치가 실패한 사실을 사람들은 쉽사리 받아들이지 못했다.

'베트남'이라는 단어는 곧 실패와 좌절을 의미했다. 잘못된 장소에서 잘못된 시기에 잘못된 전략으로 싸운 전쟁이었다는 것이 일반적인 평가였다. 베트남에서의 미국의 실패는 세계적 차원에서 미국의

헤게모니에 큰 타격을 주었다. 세계 경찰국가이자 민주주의의 수호자로서 미국의 이미지에 먹칠을 했다.[19]

상상하지 못했던 '미국 군대의 패전'에 보수적인 미국인들은 강대국인 줄 알았던 자기 나라의 허상을 마주한 부끄러움을 느꼈다. 아울러 1968년 이후 전 세계를 강타한 '반전'(反戰)의 물결에 진보적인 미국인들은 처음부터 하지 말아야 할 전쟁을 해서 수많은 젊은이들을 죽게 했다며 부끄러워했다. 이처럼 워터게이트 사건과 베트남전쟁은 1970년대 중반 미국 사회의 전반적인 분위기를 우울하게 만들었다. '민주주의'와 '자유'는 미국 사회에서 부단히도 강조되었던 키워드다. 그러니 민주주의를 훼손하고, 자유를 제대로 수호하지도 못한 '객관적 사건들'에 대한 미국인들의 '주관적 충격'은 상당할 수밖에 없었다.

이때 록키가 등장했다. 그는 이민자 가정 출신으로 전형적인 하층 백인 노동자의 삶을 살아간다. 하지만 미국은 그에게 기회를 준다. 아메리칸 드림, 그것은 계층 이동이 어려운 곳에서는 불가능하다. 민주주의라는 정치제도가 탄탄해야지만 자유를 갈망하는 개인이 등장할 수 있고 자본주의라는 경제제도가 원활하게 돌아가야지만 '꿈의 완성'이 가능하다. 록키는 죽도록 노력하여 한 점 부끄러움 없는 결전을 펼친다. 멋지다! 맞아! 미국이 바로 이런 곳이었지! 자부심을 가지자! 그렇게 영화는 '영화 그 이상

나는 태어나자마자 속기 시작했다

의' 감동을 관객들에게 선사한다. 아주 오래전 '자유를 찾아' 유럽을 떠난 사람들이 '민주주의라는 가치로' 미국이라는 나라를 만들었던 그때의 역사가 '미국인의 자존감이 무너진 특별한 상황과 만나면서' 사람들의 정신을 묶어주는 실타래 역할을 하기 때문이다.

사회와 상관없는 개인의 '생각과 행동'이 가능할까? 조금 과장하자면, 존재하는 모든 것에는 필연적으로 '사회적인 것'의 냄새가 흠뻑 배어 있다. 우리가 일상에서 자연스레 마주하는 것들에서 역사의 흔적을 찾기 위해 노력하는 것. 그것은 개인과 사회의 관계를 이해하는 가장 빠른 방법이다.

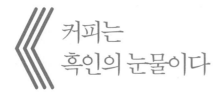

커피는
흑인의 눈물이다

커피에는 사연이 많다. 어쩌다가 커피가 인류에게 중요한 기호 음료가 되었을까? 세계에서 커피는 석유 다음으로 많이 유통되는 물자다. 석유처럼 생산되는 곳은 제한돼 있지만 소비하는 곳은 많기 때문이다. 잘 알려져 있듯이 커피는 남아메리카의 대다수 국가와 동남아시아 일부 국가들의 주요 수출품이다.

그런데 현재 커피를 수출하는 나라들이 처음부터 커피를 생산했던 것이 아니다. 그 연유를 설명하기 위해서는, 마치 땅따먹기하듯이 다른 영토를 점령한 유럽의 역사와 유럽인들에게 의해 마구잡이로 끌려갔던 아프리카 흑인 노예들의 눈물을 말하지 않을 수가 없다.

나는 태어나자마자 속기 시작했다

커피의 역사 그리고 흑인 노예의 역사

지금까지 알려진 커피의 시초는 6세기경, 아프리카 에티오피아 고원에서 야생 열매를 산양이 먹고 잠을 자지 않은 것을 사람들이 의아하게 여기면서부터다. 그 후 11세기에 이르러 아프리카에서 커피가 재배되기 시작했고 술을 금지하는 이슬람 국가들에서 커피 수요가 늘면서 생산량이 증가한다. 지금은 매우 익숙하게 생각하는 '유럽과 커피의 앙상블'은 이 당시만 해도 존재하지 않았다. 유럽에서는 이탈리아에 불법적으로 유입된 커피를 '이교도의 음료'라고 했을 정도였다. 이후, (그것이 악마의 음료냐 아니냐를 실제 따져보는 바보 같은, 그러나 꽤 격렬했던) 논쟁을 겪고 나서 17세기에 이르러서야 커피는 유럽에 널리 퍼진다. 이때, 중동에서는 철저하게 '볶은 커피'만 수출한다. 그래야지만 유럽에 비싸게 커피를 팔 수 있기 때문이다. 당연히 유럽에서는 커피 묘목을 손에 넣기 위해 혈안이 되었는데, 네덜란드의 동인도회사가 최초로 이에 성공한다. 그런데, 추운 유럽에서는 커피를 재배하기가 힘들었다. 온실 재배만이 방법이었는데 그러기에는 비용이 너무 많이 들었다.

그래서 이들은 자신들의 '따뜻한' 식민지에 커피나무를 들고 가서 심기 시작한다. '자바커피'(인도네시아)는 그렇게 탄생한다.[20] 날씨도 따뜻하고 노동력을 공짜로 충당하니 남아도 이렇게 남는 장사가 없다. 네덜란드의 참신한(?) 경영은 유럽 각국에 '모범 사례'로 소개된다. 그래서 유럽의 남미 식민지 건설에 '커피나무' 챙겨가기는 필수가 된다. 남미는 넓고 따뜻해서 커피 재배에 안성맞춤이었지만, 기존의 원주민들만으로는 유럽의 폭발적 수요를 감당할 수 없었다. 유럽인들은 노동력을 아프리카에서 찾는다. 이들은 아프리카에서 잘 살고 있는 흑인들을 총으로 위협했고 배에 강제로 실어 날랐다. 그리고 '돈 한 푼 안 주고' 노예로 부려먹었다. 그래서 유럽은 '니그로의 땀'[21]을 발판 삼아 '싸게' 커피를 얻게 되었다. 단언컨대, "흑인 노예들은 서양 세계의 근력과 근육들이었다."[22] 그래서 사회학자 앤서니 기든스(Anthony Giddens)는 커피에서 '식민주의의 유산'을 발견한다.

> 커피는 지구에서 가장 가난한 나라와 가장 부자 나라 사람들을 이어주는 상품이다. 커피는 부유한 나라에서 가장 많이 소비되며 가난한 나라에서 경작된다. (…) 커피를 마시는 것은 중동에서 시작되었지만, 커피의 대량소비는 약 한 세기 반 전에 서구 식민지 확장기부터 시작되었다. 실제로 서구에서 마시는 모든 커피는 유럽인들의 식민 지배를 받았던 남아메리카와 아프리카 지역에서 생산된다. 식민주의의 유산은 전 지구적 커피 교역에 막대한 영향을 끼쳤다.[23]

왜 유럽인들이 아프리카 흑인들을 '검은 다이아몬드'(Black

Diamond)[24]라고 불렀는지 이해가 되지 않는가. 이들은 '합법적으로' 노예제도를 만들어, 아프리카 원주민들을 '무자비하게' 잡아왔다. 커피 수요를 맞추고자 식민지 곳곳에 커피 농장이 만들어졌고 덩달아 '설탕'의 수요도 급증하자 사탕수수도 재배한다. 커피를 공급하기도 바쁜 와중에 설탕까지 더해지니 노예들은 계속 죽어가야만 했다.

> 1690년에서 1790년 사이 약 백 년간 유럽으로 운반되는 설탕 1톤당 흑인 노예가 한 사람꼴로 사망했다. 카리브산 설탕 소비가 최고조에 달한 1801년에는 영국 소비자 250명당 한 명씩의 노예가 희생되었다. (…) 이 시기에 산업혁명이 일어난다. 면직물 공업으로 시작한 산업혁명으로 원면 수요가 급증했다. 원면은 식민지인 북미 대륙 남부의 면화 농장에서 공급되었다. 면화의 호황은 더욱 많은 노예를 필요로 했다. 이를 위해 18세기 후반, 영국은 최소한 900만에서 1000만 명 사이의 아프리카인들을 북미 대륙으로 운반했다. 아울러 식민지인 미국은 면화 재배로 경제 특수를 누리게 된다. 면화 재배에 동원된 노예는 1790년 69만 7000명에서 1861년에는 400만 명으로 급증했다.[25]

아프리카에서 끌려가거나 끌려가다가 죽음을 맞이한 흑인들은 300년간 3000만 명에 이른다.[26] 이들이 지금의 '아프리카계 미국인'(African American)의 조상들이다. 이송 중에 강제로 바다에 버려지는 경우도 다반사였다. 오랜 항해 중에 병이 들어버리면 나중에 제값에 팔지를 못하니 선장의 입장에서는 노예들을 바다에 버리고 '보험금을 타는 게' 더 남는 장사였기 때문이다. 당시의 법은 이러한 살육을 정당화했다. 식민지 야욕에 눈먼 국가들은 '모든 비기독교인을 노예로 삼아도 좋다'[27]는 주장을 하면서 스스로의 행동이 신의 뜻이라고 합리화했다. 그들은 산업혁명으로 '새롭게 필요해진 것들' 중 식민지에서 마련할 수 있는 것이라면 무엇이든 마다하지 않았다. 노예를 통한 노동생산성 확보는 '비용 절감', '이윤추구' 원칙에 매우 부합했다. 아카데미 작품상을 받은 영화 〈노예 12년〉(12 Years a Slave, 2013)에는 흑인들이 면화 농장에서 어떻게 일했는지가 생생하게 묘사되어 있다. 이들은 할당량을 채우지 못하면 채찍질을 당한다. 혹시나 반란이라도 도모하지 않을까 하는 생각에 백인들은 이들을 철저히 감시했다. 그래서 노예들은 서로 대화조차 할 수 없었다.

유일하게 허락된 것이 일할 때 부르는 '필드 홀러'(field holler)라는 일종의 '노동요'였다. '들판에서의 외침'이란 뜻의 '필드 홀러'는 누군가가 독창으로 선창을 하면 나머지가 합창으로 응답하는 식이었다. 그리고 이 '한(恨)'의 음악은 후에 등장하는 가스펠(Gospel), 블루스(Blues), 리듬앤드블루스(Rhythm and Blues), 재즈(Jazz) 등 솔뮤직(Soul Music)의 원형이 된다. 그리고 노예

나는 태어나자마자 속기 시작했다

들 중 일부는 도망을 쳐서 '머룬'(Maroon) 공동체를 카리브해에 만드는데, 그곳의 종교 의식에 사용된 음악은 나중에 '레게'(Reggae) 장르로 발전한다.[28] 유럽인들이 고즈넉한 카페에서 커피 한잔을 놓고 밤새 토론을 하면서 '선진적인' 정치·경제제도를 만들어낼 수 있었던 것, 커피의 적당한 각성 효과가 유럽의 아티스트들을 자극하여 수많은 예술 작품이 나올 수 있었던 배경에는 이런 '슬픈 역사'가 있었다. 음악의 아버지 '바흐'가 커피를 너무 좋아한 나머지 '커피칸타타'를 만들 수 있었던 것도 누군가가 노예로 일한 덕분이다.

＼ 흑인들은 차별받아도 싸다?

그 이후, 식민지 지배는 사라졌지만 지금도 커피 농장에서 흑인들은 노예와 다름없는 경제적 착취를 당하며 살아가고 있다. 많은 이들이 이 두 지점을 '끊어서' 이해한다. 그래서 지금 시점에서 커피와 노예를 함께 떠올리는 것을 부정한다. 아프리카에서 끌고 간 흑인들을 노예로 부려먹은 다음 '자유'를 주면 이들이 하루아침에 '판검사'라도 된다는 말인가? 여전히 이들은 '자신들이 유일하게 할 수 있는' 노동을 하며 먹고살아야 한다. 노예제도는 사라졌지만, 흑인 노예들은 '빈곤층'이 되었을 뿐이다. 지금

그들은 노동의 대가를 제대로 받지 못하는 사람들의 대명사로 통한다. 간혹 어떤 커피 전문점에서 '공정무역 커피를 사용한다'는 문구를 본 적이 있을 것이다. 그런데 이것은 일반적으로는 커피가 공정무역일 수가 없다는 것을 의미하는 것이기도 하다(커피만이 아니다. 사탕, 옥수수, 금 등 유럽인들이 '좋아했던' 물자들의 '지금' 생산방식은 과거와 그렇게 다르지 않다).

또 특정 인종이 사회적으로 '하위 계층'에 집중적으로 몰려 있으면 이들에 대한 '부정적인' 고정관념이 형성된다. 그 결과 '아프리칸 아메리카인'들이 당하는 차별은 엄청나다. 1975년부터 2014년까지 40년간 미국에서 흑인의 실업률이 백인의 경우보다 늘 2.5배가량 높은 것은 이런 차별의 결과다. 경제적 문제는 교육의 문제로 이어지니 미국 사회에서 흑인들은 '성공하기 어려운' 여정을 걷게 된다. 그러니 인종 '간'의 격차는 점점 더 벌어진다. 미국에서 백인들은 흑인과 히스패닉보다 6.1배 부유하다(2010년).

많은 이들이 '그럴 만하니까' 가난한 것 아니냐고 반박한다. 인종차별이 '제도적으로는' 사라진 이상, 가난은 '게으름' 때문이라고 비판하는 식이다. 하지만 인과관계를 무시해서는 안 된다. 미국 사회에서 흑인은 최근까지도(물론 지금도) 결코 공정한 대우를 받으면서 생활하지 못했다. 20세기 중반까지도 흑인이 생물학적으로 백인보다 열등하기에 상호 간의 결혼은 백인의 인종 보존에 위협을 가할 수도 있다고 과학계가 주장할 정도였다.[29] 일상에서 늘 '문제아'로 낙인찍히면 당연히 삶의 의욕을 잃을 수밖에 없다. 피부색이 '블랙'으로 태어난 이가 '요주의해야 하는 것들'이라는 뜻인 '블랙(!)리스트'가 존재하는 곳에서 어깨를 활짝 펴고 당당하게 살아가기란 어렵다.

내가 『하얀 폭력 검은 저항: KKK의 탄생과 흑인 민권 이야기』의 해제에서도 언급한 바 있지만 2005년 허리케인 '카트리나'가 미국의 뉴올리언스 지역을 강타했을 때, 언론의 인종차별적 보도 형태는 이런 분위기의 문제점을 단적으로 보여주었다. 말 그대로 도시가 물 폭탄을 맞게 되면서 전쟁터를 방불케 한 상황이 되자, 흑인들의 행동은 '범죄 행위'로 종종 묘사되었다. 예를 들어 흑인들이 손에 무엇을 들고 물길을 헤쳐 나가는 장면을 '식료품점 약탈'(looting a grocery store)이라고 보도하는 식이다. 하지만 똑같은 행동을 백인이 했을 때는 어땠을까? '상점에서 빵과 마실 것을 발견해서'(finding bread and soda from a local grocery store) 물을 건너는 중이라고 보도한다. 행동이 동일해도, 인종에 따라 한쪽은 '약탈'(loot)했고 다른 한쪽은 '발견'(find)한 셈이다.[30] 특정 인종에 대한 멸시가 특정 노동자들에 대한 '열악한 대우'로 이어지는 분위기는 이렇게 완성된다. 열악함을 개선해야 한다는 것보다 '저런 대우를 받아도 싸다'는 결과론적 분석이 난무하기 때문이다. 인종 차별이 공기처럼 퍼져 있는 사회에서 흑인이 화이트 칼라 계층으로 성공하기는 참으로 어렵다. "래퍼와 농구 선수를

빼면 흑인 중에는 부자가 없어!"[31]라는 흑인들의 하소연은 일리
가 있는 셈이다.

아프리카의 국경에는 왜 일직선이 많을까?

아메리카 대륙으로 건너간 흑인들만이 아니라 '아프리카' 역시
강대국들의 힘에 의해 지금도 아파하고 있다. 아프리카 지도를
살펴보면 나라간 경계선이 일직선인 경우가 많다. 유럽 열강들이
지도를 펼쳐놓고 자기들 멋대로 분할한 결과다. 그 이후, '내전'
은 아프리카 국가들의 상징이 되었다. 유럽 열강의 줄긋기는 원
래의 부족을 두 동강 내기도, 또 동질성이 전혀 없는 부족을 합
쳐놓기도 했다. 나이지리아의 경우 '전혀 다른' 250개 민족이 어
느 날 '한 국가'가 되었을 정도다.[32] 당연히 서로 간의 갈등이 빈
번할 수밖에 없고 이는 나라 전체의 발전 저해로 이어진다. 발전
이 늦은 만큼 이들에 대한 세계의 차별은 엄청나다. 특정한 나라
(지역)만의 이야기가 아니다. 역사와 문화가 만든 풍습은 지구를
누빈다. 에볼라 바이러스가 세계를 시끄럽게 하자 한 식당에서
'아프리카인 출입금지'라는 팻말을 서슴없이 붙이는 곳이 한국이
다. 외국인 영어 강사를 채용하면서 '백인'만 가능하다는 인종차
별적인 자격 조건을 포함시키는 나라는 미국이 아니라 한국이다.

나는 태어나자마자 속기 시작했다

'아이들이 흑인 교사를 무서워한다'면서 학원 관계자에게 압박을 가한 사람은 대한민국의 학부모다. 단지 '흑인'이라는 이유만으로 영어 강사로서 부적격이라고 판단하는 사회가 과연 상식적인 사회일까?[33] 차별의 문제를 지적하면 '그럴 만한 이유가 있다'면서 온갖 사차원적인 이론을 늘어놓는다. 과거 '그런 식으로' 차별에 찬성한 나라들의 모습과 똑 닮았다.

커피 이야기가 유럽, 아프리카, 남미 그리고 미국을 거쳐 한국까지 나아갔다. 삼천포에 빠진 것이 아니라, 역사라는 것이 이토록 오묘하다. 커피 한잔에도 유럽 열강의 탐욕적인 식민지 지배 역사와 그 과정에서 죽어나간 아프리카 흑인 노예들의 눈물이 들어 있다는 것을, 오랜 역사의 과정에서 형성된 고정관념이 지금 우리가 살고 있는 이 순간에도 작동하고 있다는 것을, 기억해야 한다.

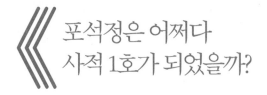

포석정은 어쩌다
사적 1호가 되었을까?

'포석정'(鮑石亭)과 '석굴암'(石窟庵)을 통해 '사회 속의 나'를 느껴보자. 이 유적들을 보면 정치가 역사를 어떻게 이용했는지를 알 수 있고 더 나아가 역사가 지금 우리에게 어떤 영향을 주고 있는지까지 확인할 수 있다.

포석정은 사적 1호다. 그런데 많고도 많은 역사의 자취 중에 왜 하필 '포석정'이 1호가 되었을까? 포석정에 대한 설명은 다음과 같다. 외견상은 돌로 이루어진 22m의 원형 수로다. 기능적으로 보자면 높낮이 차이 5.9cm를 이용해 물이 계속 흐른다. 어떻게 활용되었을까? 흐르는 물에 술잔을 띄워놓고 다시 돌아올 때까지 시를 읊었다는 '유상곡수'(流觴曲水)가 신라시대에 행해졌다

나는 태어나자마자 속기 시작했다

고 한다. 이 정도면 사적의 의미로서는 충분하지만 그것이 '1호'
의 상징성이라고 하기에는 미흡해 보인다. 그럼 무엇 때문일까?
역사적 의미에서 그 실마리가 풀릴지도 모른다. 『삼국유사』(三國
遺事)에 기록된 포석정을 보자.

> 견훤은 겨울 11월에 서울로 쳐들어갔다. 왕은 비빈(妃嬪) 종척들과
> 포석정에서 잔치를 열어 놓고 있었기 때문에 적병이 오는 것도 알
> 지 못하다가 갑작스러워 어찌할 줄을 몰랐다. 왕과 비는 달아나 후
> 궁으로 들어가고 종척 및 공경대부와 시녀들은 사방으로 흩어져서
> 달아나다가 적에게 사로잡혔으며, 귀천을 가릴 것 없이 모두 땅에
> 엎드려 기며 노비가 되기를 빌었다. 견훤은 군사를 놓아 관청과 개
> 인의 재물을 약탈하고 왕국에 들어가서 거처하였다. 이에 좌우에게
> 명하여 왕을 찾게 하니 왕은 비처 몇 사람과 후궁에 숨어 있었다.
> 이를 군영 가운데로 잡아서 왕에게 자결하도록 명하고 왕비를 욕보
> 였으며, 부하들을 놓아 왕의 빈첩들을 모두 욕보였다.[34]

요약하면 신라의 경애왕(55대)이 후백제 견훤이 코앞까지 온
줄도 모르고 포석정에서 술 마시고 놀다가 죽음을 맞이한다는
(927년) 이야기다. 견훤은 경애왕을 자결시킨 것으로도 모자라
왕비를 겁탈했고 후백제 군인들은 신라의 부녀자들을 유린했다.
그래서 포석정은 '배 띄우고 시 읊던' 장소가 아니라 "망국을 앞

둔 천년 왕국 신라의 나태와 해이를 상징하는 향락의 놀이터로 각인되어 있다."[35] 『삼국유사』의 기록에는 '포석정에서 있었던 어떤 일'(경애왕과 견훤의 만남)에서 두 가지를 특별히 부각시켰다. 하나는 신라 경애왕의 무능함이고 또 하나는 후백제 견훤의 잔인함이다. 우리는 이 내용이 '어떤 사회'에서 기록되었는지를 따져보아야 한다. 일연(一然)의 『삼국유사』는 1285년 작품이다. 후삼국을 통일한 '고려'라는 사회 안에서 철저히 승자의 시점에서 기록되었던 것이다.

＼ 역사는 시대와 함께 다시 쓰이는 것

북쪽 지역 송악(개성)이 수도였던 고려의 입장에서 볼 때, 남쪽 지역 포석정에서 있었던 신라와 후백제의 부정적 스토리는 일종의 '일타이피'였던 셈이다. 남쪽의 두 지역을 한번에 평가절하하면서 자연스레 '북쪽'의 고려가 삼국을 통일할 수밖에 없다는 논리를 부각시킬 수 있기 때문이다.

그래서 역사는 객관적 사실에 대한 '주관적 서술'이라 한다. 그리고 우리는 이 주관적 서술을 최대한 객관화하여 현재를 이해하는 도구로 삼아야 한다. "역사는 시대와 함께 다시 쓰이는 것이다"[36]라고 말한 일본의 역사학자 호리고메 요조(堀米庸三)는

나는 태어나자마자 속기 시작했다

『역사를 보는 눈』에서 우리가 역사를 어떻게 이해해야 하는지를
잘 설명한다.

> 역사가는 자신의 주관을 제거하고 사실로 하여금 스스로 말을 하게
> 해야 한다는 식으로 문제를 설정하는 방식 자체가 우스운 일이다.
> (…) 우리가 사료를 탐구할 때에는 이미 우리 스스로 어떤 의도를
> 가지고 그 의도에 따라서 사료에 접근하는 것이 보통이다. (…) 구
> 체적으로 말하면, 역사가도 나름대로 이 시대에는 이런 식으로 사
> 건이 전개되었을 것이라든가 혹은 저런 식으로 사건이 전개될 가
> 능성이 있었다든가 하는 식의 가설을 세우고 사료에 접근한다는 말
> 이다.[37]

　의도를 가지고 역사에 접근하라는 것은 역사가 어떤 틀로 기
술되었는지를 살펴보자는 말이다. 즉 역사의 사회성을 파헤치자
는 뜻이다. 그렇다고 "뭐야? 역사가 다 거짓말이야?"라고 투박하
게 이해해서는 안 된다. 역사를 객관적인 것으로 정의 내리지 않
는다는 것은 모든 역사를 부정한다는 뜻이 아니라, 역사 중에는
"특정한 사회 집단의 정치적 비전에 의해 만들어져 이데올로기
적으로 유포"[38]된 것이 있을 수 있음을 자각하자는 뜻이다.
　다시 포석정 이야기를 해보자. 왜 이렇게 '침침한' 역사의 상징
인 포석정이 사적 1호가 되었을까? 일반적으로 '1호'라고 하면,

펑장히 자랑스러워할 만한 무엇이지 않은가? 여기서 일제강점기가 중요 변수로 등장한다. 1933년, 일본은 조선의 문화재에 가치를 부여하고 보존하는 법(조선보물고적명승기념물 보존령)을 제정한다. 의미 있는 역사의 흔적들을 보존한다는 취지였지만 '의미'를 결정하는 주체는 일본이었다. 다음 해, 일본은 '관보'의 고시를 통해 지정문화재를 발표한다.[39] 보물 1호 남대문(지금의 국보 1호 숭례문), 보물 2호 동대문(지금의 보물 1호)과 고적 1호 포석정은 그렇게 '더 기억되어야 하는' 역사가 된다. 일부에서는 이 번호가 단지 '지역별로 모아둔 것'이라고 하지만 '왜 1호가 서울의 숭례문이어야 했고 경주의 포석정이었는지'에 대한 의문은 남아 있다. 숭례문과 동대문의 경우, 일제강점기 초창기 '교통에 방해'된다는 이유로 철거 1순위로 뽑혔다가 임진왜란 때 선봉에 선 일본의 장수들이 이 문을 통과하면서 한양에 입성했다는 이유로 살아(?)남는다. 유사한 역사적 상징이 없었던 돈의문(서대문), 소의문(서소문), 혜화문(동소문)은 철거된다. 자신들의 입장에서 기릴 역사적 의미가 없었다면 숭례문은 1호가 될 이유가 없었던 셈이다.

포석정이라고 다를 바 없었다. 고려 이후의 조선 역시 중부 지역인 '한양'(서울)을 중심으로 나라가 구축되었기에 떠돌고 있는 포석정의 어두운 의미를 굳이 재해석할 이유가 없었다. 그러니 제대로 관리하지도 않았다. 이를 일본이 정치적 목적하에 고맙

나는 태어나자마자 속기 시작했다

게도(?) 복원한다(그 과정에서 원형이 많이 손상된다). 일본이 보기에 '포석정'에 대한 소문들은 신라를 망국의 상징으로 이미지화하는 데 안성맞춤이었다. 식민 사관의 핵심은 한반도의 백성들이 대대손손 "악정(惡政)에 시달렸다"[40]는 것을 강조하는 것이었다. 나라를 잘 돌보지 못한 신라, 그리고 포악하기 이를 데 없는 후백제는 악정의 사례로서 안성맞춤이었다. 이 목적에 따라 포석정은 고적 1호가 되었다.

　문제는 이 잔재를 일제강점기가 끝났음에도 별다른 비판 없이 우리나라가 계승했다는 것이다. 해방 이후, 미군정은 나라의 기틀을 다져주는 작업을 3년간 하지만, 그들에겐 일본의 흔적을 청산할 이유가 없었다. 있는 것을 그대로 활용하는 것이 훨씬 효과적이기 때문이다. 이승만 정권 역시, 같은 목적으로 친일을 했든 말든 교육받은 관료들을 중용한다. 그리고 박정희 정권은 자신들의 미약한 정치적 정당성을 경제성장을 통해 마련코자 했다. 성장에 마음이 급하다 보니 일본이 구축한 행정 시스템을 그대로 답습했다. 한국의 근대를 친일 청산을 못한 '이식된 근대', '식민지적 근대'라고[41] 하는 이유가 여기에 있다. 그래서 일본이 자신들의 내선일체(內鮮一體) 목적에 따라 번호를 붙인 '고적 1호' 포석정은 1962년에 문화재보호법이 재정될 때 '사적 1호'가 되어 일본 제국주의 역사를 고스란히 담고[42] 지금도 수학여행 오는 학생들을 기다리고 있다.

실제 경애왕은 포석정에서 유흥에 빠져 나라가 망하는 줄도
몰랐을까? 여러 측면에서 그렇지 않다는 것을 추론할 수 있다.
우선 추운 날씨에(음력 11월) 야외 연회를 즐겼다는 것도 의심해
봐야 하고 경애왕이 이미 두 달 전에 견훤의 신라 공격을 막기
위해 고려 왕건에게 도움을 청한 사실도 있다. 넋 놓고 있지 않았
다는 거다. 경애왕이 포석정에서 견훤을 마주한 것은 분명하다.
하지만 '저물어가는 나라의 운명을 감지하고' 기도하고 있었다고
이해해야 한다는 학계 연구도 있다. 1990년대 후반, 포석정 근처
에서 각종 '제기'들이 출토된 점도 이 주장에 신빙성을 더해준다.

조선이여, 일본이 너희를 다스리는 것을 감사해라

석굴암의 경우, 일본의 식민 사관이 효율적으로 스며든 대표적인
경우다. 의문을 제기하는 분들이 많을 것이다. 석굴암은 유네스
코 문화유산에 등재될 만큼 그 가치를 세계적으로 인정받지 않
았던가. 게다가 '웅장하고 섬세한 불상'으로 표현되는 석굴암은
그 건축학적 규모와 미학적 측면이 대단한 문화유산인데 여기에
이상한 내막이 있다는 걸 받아들이기 쉽지 않다. 하지만 바로 그
'웅장함'을 일본은 십분 활용했다. 일본은 조선을 무능하다고 평
가하면서 자신들의 지배를 정당화하고자 했다. "유교가 시종 역

나는 태어나자마자 속기 시작했다

사의 발전에 기여하지 못했다"[43]는 걸 강조하는 '유교 망국론'은 식민 사관의 핵심 내용이다.

석굴암은 '토함산을 지나가는 우체부가 우연히 발견했다'는 드라마틱한 발견 일화가 있다. 이후 일본은 막대한 비용을 들여 세 차례의 대규모 복원 작업을 한다. 물론 고도의 정치적 목적이 있었다. 의도는 이러했다. 석굴암이 얼마나 웅장한가! 그런데 '유교의 나라' 조선은 '불교의 상징'을 외면했고 방치했다. 흙더미에 파묻혀 폐허가 된 것을 대(大)일본이 알아봤으니 망정이지, 하마터면 천년 신라의 상징이 사라질 뻔한 것 아닌가. 선조들의 업적도 제대로 관리하지 않는 조선이라는 나라는 도대체 정신이 있는 것인가? 하지만 다행이다. 일본은 다른 나라의 과거도 이해하고 존중하니까. 게다가 일본은 조선에서 감히 흉내조차 낼 수 없는 완벽한 '복원 기술'을 갖고 있다. 조선인이여! 일본이 너희를 다스리는 것을 감사해라! 그러니 식민 지배는 정당하다![44]

의도는 적중했다. 석굴암이 '대단하다'는 사실이 강조될수록, 덩달아 '일본의 복원'이라는 업적도 부각되었기 때문이다. 식민지 시대는 1945년에 끝났지만, 여전히 우리 사회에는 '그때 일본이 아니었다면 우리나라는 여러모로 발전이 늦어졌을 것이다'라고 주장하는 이들이 많다.

박정희와 이순신 프로파간다

식민 사관이 있다면 '독재 사관'도 있었을 것이다. 특정한 시기에 유독 포석정과 석굴암이 강조되었던 것처럼, 박정희 정권에서 부쩍 자주 언급된 위인이 있다. 바로 '충무공 이순신'이다. 이순신 장군이 대단치 않다는 것이 아니다. 하필 그 시절에 이순신이 몇 갑절 더 언급된 이유가 무엇인지, 왜 아직까지 그 영향을 받고 있는지를 살펴보는 것이 중요하다.

이순신 작품집 번역 발간, 〈난중일기〉 국보 지정(76호), 홍보 책자 발간, 이순신 이야기 교과서 등재, 글짓기 대회, 각종 기념행사, 현충사 성역화와 국민 참배, 수학여행 의무화, 탄신 기념일 제정, 국가

나는 태어나자마자 속기 시작했다

제사, 통영을 충무로 이름 변경, 이순신 동상 건립, 영화 제작과 단체 관람… 대한민국이 '성웅 국가'로 바뀐 느낌이 들 정도였다.[45]

박정희식 프로파간다의 최대 도구, 이순신

박정희 정권은 취임 초기부터 이순신 재조명을 범정부 차원에서 추진한다. 이전에도 존경을 받았지만 "박정희 정부에 들어서 이순신은 그 격이 한층 더 높아져 '성웅'(聖雄)이 되었다."[46] 역사 속 한 위인이 갑자기 집중 조명을 받는다면 정치적 목적에 의해 이용당하고 있는 게 아닌지를 잘 들여다봐야 한다. 과연 박정희 정권이 순수하게 이순신이란 위인을 존경해서 이런 작업을 했을까? 아니면 "이순신을 자기희생과 무조건적인 애국심의 표상으로 박제"[47]함과 동시에 박정희와 동일시하면서 군부독재를 정당화한 것일까? '일본으로부터' 나라를 구한 이순신을 강조하면서도 정작 현충사의 이순신 영정 앞에 일본 천황을 상징하는 '금송'을 심은 것을[48] 어떻게 해석해야 할 것인가(일본을 동화했다는 뜻보다는 졸속으로 추진했다는 의미로 보아야 함. 금송의 이전 계획 심의는 2017년 11월에 가결되었다). 이런 분위기 속에 세종대왕의 탄생지와 가까워 이름 붙여진 '세종로'(1946년)에 (이제는 광화문의 랜드마크가 된) 거대한 이순신 장군 동상이 들어선다(1968년). 이

는 공공장소에 무장의 동상을 건립하지 않는 전통을 깨트리는 놀라운 일이었다.[49]

우리나라가 워낙 일본과 기구한 역사를 가지고 있으니 청와대 앞쪽인 세종로에 이순신 장군의 동상을 세운 것에 시비를 걸 생각은 없다. 하지만 잘 있던 세종대왕상을 덕수궁 안뜰로 옮겼으니 "군사정권 때 무(武)의 상징물"[50]로 이순신이 강조되었음을 부인하긴 어렵다.[51]

> 초등 교정에 빠짐없이 등장했던 이순신 동상. 어릴 때 우리가 알았던 이순신은 인간이 아니었다. 큰 칼 옆에 차고 호령하는 이순신, 동상 옆에는 거북선이 놓여 있고 한산도대첩의 부조가 조각돼 있는 상을 보면서 우린 인간이 아닌 성웅 이순신을 배웠다. 모든 전투에서 혁혁한 공을 세운 이순신은 너무도 멀게만 느껴진 군인 이순신이자 위대한 영웅으로만 각인됐다. 그는 숨 쉬고 노래하고 울고 웃는 우리와 똑같은 인간이 아니었다.[52]

이순신의 '강함'을 강조한 독재 정권의 목적은 간단했다. 박정희는 개인의 욕심을 버리고 국가를 위해서라면 이 한 몸 바쳐도 아쉬울 것 없다는 '멸사봉공'(滅私奉公)의 정신을 부단히도 강조했다. 박정희는 재임 기간 18년 동안 충무공 탄신일 행사에 열네 번을 참석하는데 이때마다 "민족 수난의 역경을 헤치고 나타

나는 태어나자마자 속기 시작했다

나 홀로 국난 극복의 위업을 이룩하시고"라는 추모사를 낭독한다. 이는 본인이 군사쿠데타를 했을 때, 약속과 다르게 다시 군인으로 돌아가지 않고 대통령이 되었을 때, 또 헌법을 수정하면서 대통령 선거에 나갈 때마다, 그리고 '유신'이라는 일인 독재의 장기 집권을 선포했을 때 내세웠던 명분과 흡사하다. 심지어 사실상 미국으로부터 차관을 확보하기 위해 참여한 베트남전쟁의 파병부대 해단식에서도 "명량해전 때 이순신 장군님이 다 부서진 배 12척으로, 왜정의 함정 수백 척과 싸우실 때 장병들을 독려하시면서 하셨던 말씀인 필사즉생, 필생즉사"라는 연설을 했다.[53]

이처럼 박정희 정권은 '현재 나라가 어렵다→역경을 헤쳐 나가야 한다→강력한 지도자가 필요하다'는 프로파간다를 국민들에게 주입했다. 이는 독재에 시비를 거는 것을 원천 차단하는 효과는 물론 나아가 '카리스마'라는 단어 안에 국민 통제를 은폐하는 유용성이 있었다. 그러면서 북한의 위협에 늘 노출되어 있으니 '한국식 민주주의'를 구축해야 한다고 강조했다. '한국식 민주주의'는 한국의 상황에 맞게 민주주의를 이해하자는 뜻인데 이는 '독재', '민주주의의 탄압'을 정당화하는 다른 말이었다. 그 덕에 한국은 '유례를 찾아볼 수 없는' 압축적 경제성장을 이뤘다. 그리고 지금은 '유례를 찾아볼 수 없는' 경제성장의 진통을 앓고 있다.

독재자에게 후한 한국인

이순신을 강조한 또 다른 이유는 국민들에게 '충'(忠), 즉 '애국심'을 강조하기 위해서였다. 유시민의 『나의 한국 현대사』에 따르면 당시의 정부는 외채 원리금 상환을 위해 '극단적인 수출 장려와 수입 억제 정책을 채택하고 애국적 소비를 권하는 대규모 캠페인을 전개했다.' 이 분위기가 얼마나 대단했냐면, '길가에 주차해놓은 외제차를 못으로 긁어버리는 범죄를 저지르면서 애국자의 자부심'을 느끼는 사람마저 있었다고 한다.[54] 당시 '충'의 정신은 '애국적 소비'에 대한 동기부여를 일으키는 훌륭한 촉매제 역할을 했다.

애국심을 강조한 또 다른 이유는 '나라의 발전을 위해서라면' 개인의 희생 정도는 감수해야 한다는 논리가 대중들에게 퍼지는 것이 중요했기 때문이다. 그래서 노동자들은 '힘든' 노동환경 속에서도 수출 전사가 되어 군소리 않고 일만 했다. 전태일 열사가 몸에 불을 붙이고 "근로기준법을 준수하라!"고 했던 것은 당시 노동자의 삶은 '근로기준법의 보호를 받지 못하는' 상황이었기 때문이다. 하지만 수많은 노동자들은 애국심으로 버텼다. 그래야 '나라'가 발전한다고 굳게 믿었으니 말이다. 사람들은 통제에 익숙해졌다. 경찰이 길거리에서 가위로 사람 머리카락을 마구잡이로 자르고 여성의 무릎에 자를 대면서 미니스커트를 단속하는 웃지 못할 상황이 등장할 수 있었던 배경에는 이런 역사가 숨어 있다. 단순히 무서워서 저항하지 못한 것이 아니다. 강력한 규율에 길들여진 대중이 있었기에 독재가 가능했던 것이다.

'충'은 한 치의 그릇됨이 없어 보인다. 너무 고결해 보이는 게 함정이다. 성스러운 담요를 무작정 벗겨내기가 쉽겠는가.

"독재자에게 후한 한국인"[55]이라는 외부의 평가 역시 마찬가지 유산이다. '학생이 정당한 이유 없이 출석, 수업, 또는 시험을 거부했을 때 최대 사형에 처한다'는 놀라 자빠질 만한 조항이 들어 있는 긴급조치가 존재할 수 있었고 심지어 이런 시대를 여전히 그리워하는 사람이 존재하는 한국 사회, 여기에는 마냥 좋다고만 할 수 없는 역사의 유산이 깃들어 있다.

박정희 정부가 강조한 것은 이순신 정신만이 아니다. '현모양처'로 대변되는 '신사임당' 역시 마찬가지 이유로 강조했다. '현모양처'는 조선 시대에는 없었던 말이었다. 『조선왕조실록』에 '현모양처'란 말은 나오지 않는다. '양처'라는 말은 가끔 등장하는데, 이는 '어진 아내'를 뜻하는 것이 아니라 '양인'이라는 신분 출신 아내를 가리키는 말이었다. '현명한 어머니, 그리고 지혜로운 아내'라는 상(像)은 일본의 식민지 가족 정책 이데올로기를 통해 만들어진 근대의 산물이다. '충량(忠良) 지순한 황국 여성'을 만들기 위해 강조된 것이 바로 '현모양처'다. 일본은 조선의 전통적인 여성상과 현모양처를 일치시키면서 사람들이 익숙하게 받아들이도록 유도했다.[56] 그리고 충의 정신으로 노동하는 남자들에게 헌신하는 아내상이 필요했던 1960년대, 신사임당은 현모양처를 대표하는 인물로 우뚝 선다.

현모양처는 1960년대와 1970년대를 지나면서 전형적인 한국의 여인으로 자리 잡았다. 본격적인 산업화 과정을 걷고 있던 당시 한국 사회에서 현모양처는 꼭 필요한 존재였다. 남편이 치열한 산업 현장에서 땀 흘려 뛰는 동안 집안일을 도맡아 처리하고 자녀 교육을 책임지는 아내야말로 없어는 안 될 존재였기 때문이다. (⋯) 신사임당의 전기가 출간된 것은 1960년대 초였고, 대한주부클럽연합회(회장 김활란) 주최로 5월 17일을 신사임당의 날로 제정하여 '현명한 아내 어진 어머니' 신사임당을 '주부의 이상상'으로 선포한 것은 1969년이었다. (⋯) 오늘날 우리에게 익숙한 신사임당 초상화가 그려진 것도 이즈음의 일이다. (⋯) 여학교에서는 신사임당 초상화와 함께 '바른 생활', '정숙' 같은 교훈이나 급훈이 내걸리곤 했다.[57]

남성은 산업 현장에서 '불만 없이' 죽도록 일하고 여성은 집안일과 자녀 교육을 '불만 없이' 책임져야지만 경제는 빠르게 성장하고 독재는 은폐된다. 이순신과 신사임당은 이에 적합한 '롤모델'이었다. '민족중흥의 역사적 사명'을 띠고 살아가야 하는 사람들에게 불만이 있을 수 없다. 이들은 '국가 발전'의 큰 원동력이

나는 태어나자마자 속기 시작했다

된다.

왜 이순신에 대해서는 관대할까?

과거의 정서는 지금도 유효하다. '이순신 정신'이 어떻게 우리 주변을 장악하는지 보자. 영화 〈명량〉은 개봉 12일 만에 역대 최단속도로 1000만 관객을 돌파하고 최종 스코어 1761만 명이라는 전무후무한 관객 동원 신기록을 기록했다. 모두에게 익숙한 이야기였으니 영화를 보는 부담이 덜했을 것이다. 문제는 이순신의 성스러운 이미지가 현실의 논쟁 안에도 침투한다는 점이다. 대표적인 것이 스크린 독점에 관한 유연한 인식이다. 멀티플렉스 극장이 보편화되고 영화 배급이 일부 대기업에 국한되면서 '흥행하는 영화'는 '스크린 독점으로 인한 이익'이라는 불명예로부터 자유로울 수 없는 것이 현실이다. 〈어벤저스 2〉의 경우, 개봉 첫날 전체 3976개 중 1731개(43.5%)의 스크린을 확보하여 8844회를 상영했는데 이는 전체 영화 상영 횟수 중 65.4%에 이른다.[58] 이를 상식적이라 할 수 있을까? 어떤 영화가 독점을 하게 되면 그만큼 상영 기회를 박탈당하는 영화가 구조적으로 생기게 마련이다. 그렇게 되면 대중이 다양한 예술을 접할 기회를 잃게 되니 결코 좋은 일이 아니다. 사람들은 이러한 '상영관 독점'의 문제를 잘 알고 있다.

그런데 독점을 이순신 장군이 하면 입장이 달라진다. 〈명량〉이 1587개의 스크린을 확보했을 때 '수요가 있으니 공급이 따르는 건 당연하다'는 논리를 내세워 스크린 독점을 정당화하는 사람이 많았다. 이 영화를 찾는 사람이 많으니 상영하는 극장 수가 많아질 수밖에 없다는 논리가 등장한 것이다. 공급을 일방적으로 하여 선택할 영화가 없기에 가능한 결과 아니냐고 반문하면 사람들은 그때부터 "이순신에 열광하는 것이 왜 문제라는 거죠"라면서 자신의 영화 선택이 자본의 논리와는 무관하다고 강조한다. 이순신을 정치적으로 이용했던 과거의 그 프로파간다가 없었다면 과연 대중들이 이렇게 반응했을까?

독재가 없었다면 경제 발전도 없었다?

이순신처럼 박정희도 현재 우리가 살고 있는 한국 사회 안에 살아 있다. 박정희는 군인의 신분으로 민주주의 정부를 무력으로 제압했다. 이 '명백한' 군사쿠데타에 대해 아직도 '역사의 평가는 달라질 수 있다'라고 주장하는 이들이 있다. 재미있는 것은 이들이 들고 나오는 논리가 박정희가 이순신을 강조할 때 사용하던 이유 그대로라는 것이다. '당시의 나라 사정', '구국혁명', '난세

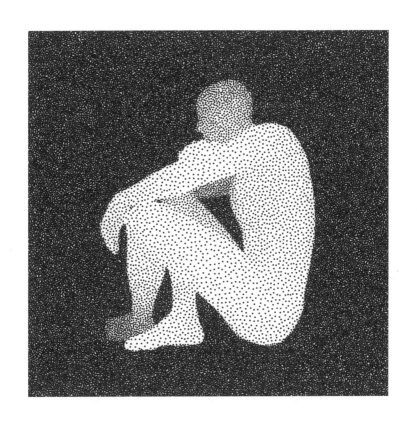

식민 지배를 하지 않았다면 조선은 발전하지 못했다.
독재가 없었다면 경제가 발전하지 못했다.

의 영웅' 등의 표현은 박정희 독재를 정당화하는 단골 용어다.

한 개인에 대한 추종은 개인의 일상을 통제했던 독재 정권에 대한 비판을 불식시키는 도구로 이어진다. "박정희 아니었으면 당신이 지금 스마트폰이라도 들고 다닐 수 있을 것 같아!"라는 말은 아직도 부유한다. 정치인이 "자유를 유보해서라도 경제를 빨리 발전시켜야 한다. 이게 박정희 대통령의 5·16 혁명이다" 라고 여전히 말하는 세상에서 우리는 살고 있다.[59] 마치, 독재가 없었으면 '경제가 발전하지 못했다'는 논리다. 이 논리는 일본의 식민 사관과 닮았다. '식민 지배를 하지 않았다면 너희 조선은 발전하지 못했다'라는 논리 말이다.

나는 태어나자마자 속기 시작했다

3장

내가 사실이라고 믿고 있는 것은 과연 사실일까?

객관과 주관은 잘 구별되지 않으며, 각자의 주관이 가진 권력의 크기가 다르다.

이라영[60]

우리는 일상생활에서 '같다'의 반대말인 '다르다'와 '옳다'의 반대말인 '틀리다'를 뒤섞어 사용한다.

홍세화[61]

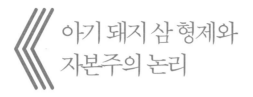

아기 돼지 삼 형제와
자본주의 논리

나는 사회학을 소개할 때, 사회를 이해하는 문법을 '아기 돼지 삼 형제' 이야기를 통해 전달한다. 청소년에게 사회학을 쉽게 소개한 책 『1등에게 박수치는 게 왜 놀랄 일일까?』에서도 간략하게 다룬 바 있는데 이 책에서는 좀 더 깊게 짚어보자.[62]

열심히 살면 행복이 찾아온다는 교훈

삼 형제가 살아가는 모습을 보자. 엄마 말씀 안 듣는 형들, 그리고 잘 듣는 막내의 이야기만 들어도 사람들은 이미 비슷한 생각을 한다. 누가 착하고 나쁜지가 선명하게 구분되고 이들의 미래가 같지 않을 것임을 예상한다. 아니나 다를까, 첫째는 대강대강, 둘째는 꼼꼼하지 않게 집을 짓는다. 모두 이들의 미래가 어두울 것이라 직감한다. 셋째가 '땀을 뻘뻘 흘리면서' 벽돌집을 지을 때는 반대다. 아무도 셋째가 주인공이 아니라고 생각하지 않는다. 그러니 늑대가 나타나서 첫째, 둘째 돼지의 집을 박살 낼 때도 놀라는 이는 없다. 누구도 "어? 왜 집이 무너지지? 그러면 우리 귀여운 돼지들 큰일 나는데…"라면서 걱정하지 않는다. 자업자득이라 받아들였을 것이다. 그리고 셋째 돼지의 집에 늑대가 갈 때 그 집이 위험해질 거라고 생각하는 사람도 없다. 예측대로, 늑대는 '난공불락'의 벽돌집 앞에서 아무것도 할 수 없다. 결론은? 엄마 말씀 잘 듣고, 땀을 뻘뻘 흘려 열심히 살면 행복이 찾아온다!

당신의 가치판단은 사회적 산물이다

누구에게나 '익숙한 의식의 흐름'이었으니 별다른 의심 없이 교훈으로 받아들여졌을 것이다. 하지만 성서든 문학이든 사람이 만들어놓은 산물에 사회적 맥락이 없을 수 없다. 우선적으로 이 이야기는 '만국의 교훈'이 될 수 없다. 왜냐하면 땅속 깊이 기둥을 박고 무거운 벽돌로 지은 집이 어떤 사회에서나 '좋은 집'은 아

나는 태어나자마자 속기 시작했다

니기 때문이다. 유목민들에게는 가벼운 집이 좋다. 이동 시에는 빨리 해체를 해야 하니 가급적 굵은 기둥이 땅속 깊이 박히지 않는 게 좋다. 이를테면 첫째가 지은 '볏짚 집'이 아주 이상적이다. 이들이 멍청해서가 아니라 자신들의 지리적·문화적 특징에서 터득한 '지혜'다. 이들이 이 동화를 읽는다면 가장 '이상적인 집'이 박살 나는 모습에 공감하겠는가. 둘째의 '나무집'도 마찬가지다. 지구 곳곳에는 '나무로 만든 집'들이 무수하다. 특히, 물 위에 집을 지어야만 하는 환경에서 사는 사람들에게는 그것이 최선의 방법이다.

그러나 우리에게는 벽돌집이 견고한 집이고 그것이 좋은 집이라는 고정관념만이 있을 뿐이다. 여기서 사회를 바라보는 문법을 도출할 수 있는데, 우리는 '어떤 대상'(집)이 '어떤 상태'(벽돌로 지었음)라면 '그 가치가 어떠하다'(좋은 집이다)라는 평가에 익숙하다. '볏짚으로 지은 집'이라는 단어는 그냥 집의 상태를 나타내는 것일 뿐인데, '무엇인가 부족한', '결핍된' 것이라 해석한다. 그러니 벽돌이 아닌 집이 박살 나는 것을 전혀 이상하게 생각하지 않는다. 삼 형제의 성격도 마찬가지다. '땀을 뻘뻘 흘리는' 셋째와 '게으른' 첫째와 둘째에 대해서도 이미 평가가 이루어지고 있다. 이미 우리의 머릿속에는 '누가(대상)→묵묵히, 성실히 노동을 하는 건(상태)→옳고 도덕적이고 정의로운 일(평가)'이라는 사고의 흐름이 있다. 그러니 셋째는 이야기의 주인공이어야 한다.

이 이야기는 오래전부터 민담 형태로 유럽에서 전해져왔다. 그리고 자본주의가 자리를 잡아가는 과정에서 지금의 형태로 대중에게 널리 알려진다. 유럽의 우수한 문명과 노동자의 성실성이 강조되어야 하는 시기였기 때문이다.

유럽인들은 집의 차이를 문명의 차이로 보았다. 그래서 미개한 나라를 도와준답시고 식민지 지배를 정당화했다. '성실한 노동자'는 자본주의의 발전을 위해 너무 중요한 요소다. 불평등을 따지지 않고 시키는 일만 '죽어라' 하는 노동자 덕택에 산업이 성장하기 때문이다. 성실이 '교훈'(도덕)이 되면 자본주의는 탄탄대로다. 자본주의가 급속도로 발전하는 과정과 맞물려 '아기 돼지 삼 형제'의 이야기는 더 널리 읽혀졌다.

특히나 한국은 단기간에 경제성장을 했으니 이 분위기에 무척이나 익숙하다. '말 잘 듣고, 땀을 뻘뻘 흘리는 셋째 돼지'는 국가적으로 장려하는 이상 모델이었다. 계약관계상의 지위를 나타내는 '노동자'란 말보다 대상(노동을 하는 자)의 상태(勤, 부지런함)를 포함시킨 '근로자'(勤勞者)라는 단어가 더 익숙한 한국에서 '아기 돼지 삼 형제' 이야기에 거부감을 느낄 사람이 있을까? '근로자'는 박정희 정권에 의해 공식적으로 '노동자'를 대체한 단어다(박정희 정권은 1963년, '근로자의 날 제정에 관한 법률'을 통해 기존의 '노동절'이라는 명칭을 '근로자의 날'로 수정한다).[63] 왜 그랬을지는 충분히 짐작이 가고도 남는다. 일반적으로 '근로자'는 말 그대로

'근면 성실하게 국가나 회사를 위해 시키는 대로 순종적으로 일하는 사람'[64]이라는 이미지를 풍긴다. 또한 실제로도 그 틀에 맞추어 당사자들을 행동하게끔 유도한다. 그 때문에 우리는 '아기 돼지 삼 형제' 이야기에 깊은 공감을 표한 것이다.

이 사례의 교훈은 우리가 어떤 특정 대상을 보고 '좋고 나쁨' 혹은 '옳고 그름'이라는 가치판단을 이미 학습당한 상태에서 살고 있다는 것이다. 우리는 어떤 대상을 그 자체로 이해하는 것이 아니라 사회적 기준에 따라 '좋다', '나쁘다'라는 평가를 습관적으로 하고 있다. '부모 말을 안 듣거나', '볏짚으로 집을 짓거나' 하는 장면만 봐도 머릿속에는 자동적으로 나쁜 이미지가 떠오른다. 대상의 원래 상태가 어떻든 간에 우리는 강요받은 이미지로 현상을 받아들인다.

왕건의 아기 고추가 상징하는 것은?

동일한 상황이라도 어떤 사회에서 어떻게 해석하느냐에 따라 이미지는 천차만별이다. 고려 태조 왕건의 이미지를 통해 그 시대에 '대단한 남성'이 어떤 것인지 알아보는 것은 무척이나 흥미로운 일이다.

1992년 개성(과거의 송악)에서 왕건의 등신대(실물 크기) 나체

청동상이 발굴되었다. 인자한 얼굴 표정, 정교하고 화려한 왕관, 그리고 반듯한 자세였다. 그런데 충격적이게도 왕건의 성기가 불과 2cm에 불과했다.

영웅의 몸과는 어울리지 않는 '아기 고추'의 비밀은 무엇이었을까? 학자들은 불교의 '마음장상'(馬陰藏相)을 형상화했다고 본다. '마음장상'은 말의 생식기가 번데기처럼 줄어들어서 감춰져 있는 모습을 지칭한다.[65] 이는 '성욕'을 떨쳐버리는 수행의 의미가 있다. 삼국시대만 해도 풍요와 다산을 표현하기 위해 군왕의 성기를 강조했지만 고려시대에는 내면적 신성한 힘을 갖춘 존재로 왕을 묘사했다.[66] 당시의 사회적 공기가 '숭불' 즉 불교적 가치로 충만했기 때문이다. 그래서 '남성이(대상)→성기가 큰 것은(상태)→욕정을 주체하지 못하는 나약한 존재(가치판단)'라는 공식이 있었다. 강한 남자를 만들어주겠다는 비뇨기과 광고가 홍수를 이루는 현시대와는 참으로 다른 가치관이 지배했던 세상이었다.

나는 태어나자마자 속기 시작했다

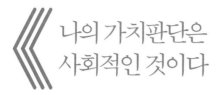

나의 가치판단은
사회적인 것이다

우리가 이미지에 주목하는 것은 사회적 상황에 따라 동일한 사물이 '다르게' 해석되기 때문이다. 예를 들어, 누군가가 담배를 피우고 있으면 불과 몇 십 년 전에는 '별 대수롭지 않게', 더 나아가 '낭만적'이라 생각했지만 지금은 '불쾌하게', 그래서 '공공의 적'으로까지 생각한다.

과거의 사회 A, 현재의 사회 B를 사각형으로 그려보자. A사회는 담배를 '낭만'으로 기억하는 사회다. 그때의 담배는 '정신의 밥이고 가슴에 피는 꽃이고 원고지의 빈칸을 밝히는 불'이었다.[67]

정조는 무더울 때는 더위를 물리쳐주고, 추울 때는 추위를 가시게 하고, 밥 먹을 때는 소화를 도와주고, 변을 볼 때는 악취를 막아주고, 시를 읊거나 문장을 지을 때는 영감을 일으켜주고, 남들과 대화를 나눌 때에는 말문을 틔워주고, 조용히 앉아 있을 때는 고독을 달래준다면서 담배의 유익함을 역설했다. 심지어 정조는 개인 취향이 지나쳐서 모든 백성들이 담배를 피우게 할 대책을 제시하라는 황당한 문제('남령초 책문')를 신하들에게 출제하기도 했다.[68]

기호 식품에서 유해 물질이 되기까지

A사회는 담배 연기가 사람 몸에 얼마나 해로운지 모르던 시대다. 담배에 대해 너그러웠던 조선 시대의 분위기는 1990년대까지도 이어졌다. A사회에서는 아버지가 아이들 앞에서 담배 연기로 '도넛'을 만드는 등 쇼 타임까지 가졌다. 그것도 부엌에서 밥 뚜껑을 재떨이 삼아. 만약 지금 이런 행동을 한다면 미개인 소리를 들을 것이다. 하지만 그 당시의 아이들은 아버지가 뿜는 담배 연기를 '뭉게구름' 그 이상으로 이해하지 않았다. 효심이 대단해서가 아니라 담배의 유해성을 몰랐기 때문이다. 그때의 담배는 냄새로 인해 야기되는 '불쾌한 이미지'가 아니라, '어른만이 할 수 있는', 그중에서도 '남성만이' 할 수 있는 특권을 뜻했

나는 태어나자마자 속기 시작했다

다. 1980년대에는 대학 강의 중에 담배를 피웠다는 전설의(?) 교수가 학교에 꼭 한두 명은 있었다. 1992년, 중학교 2학년이었던 나는 학생들에게 자습하라고 한 다음 창가에서 담배를 피우던 국어 선생님이 지금도 생생히 기억난다. 그때 우리는 단 한 번도 '어? 교실에서, 그것도 학생들 앞에서 담배를 피우네?'라고 생각하지 않았다. A사회에서 담배는 '나쁘다'의 이미지로서가 아니라 '스트레스를 풀어주는'(아마도 흡연자들이 지독히도 이렇게 말했나 보다) 이미지가 더 강했다. 그때나 지금이나 담배 냄새는 다르지 않았을 터인데 말이다.

비록 냄새에 신체가 자극을 받아도 '뇌'가 그렇게 느끼지 않았다. 생물학적 자극과 별개로 뇌는 사회로부터 '이미지'를 학습받은 대로 그려내기 때문이다. 이처럼 사회의 힘은 어마어마하다. 독하더라도 독하지 않게끔 생각하도록 하기 때문이다.

하지만 사회의 변화와 함께 담배의 운명은 달라진다. B사회에서 사람들은 담배가 '인체에 얼마나 해로운지'를 깨닫게 되었다. 밀폐된 공간에서 누군가 담배를 피우면 피우지 않는 사람에게도 똑같은 피해를 준다는 것도 알게 되었다. 지금은 상식이 되었지만 1980년대 초에는 대학 연구진이 '설마 그럴까?' 하면서 직접 실험을 통해 증명하기도 했다. 더 나아가 간접흡연도 '2차 흡연', '3차 흡연'으로 구분한다. 2차 흡연은 비흡연자가 담배 연기를 마시는 경우이고 3차 흡연은 담배 연기가 밴 옷깃에 노출되는 경우다. A사회와는 다른 '의학과 과학의 발전'이 B사회에 존재하기에 가능한 구분이다. 담배가 온갖 질병의 원인임이 밝혀진 세상에서 담배는 부정적 이미지로 그려질 수밖에 없다.

신장 질환, 호흡기 질환으로 인해 흡연자가 사망한 확률은 흡연을 전혀 하지 않은 사람보다 거의 갑절가량 높았다. 특히 흡연자는 혈류 감소로 인해 장이 손상되는 비교적 드문 질환으로 사망할 확률이 비흡연자보다 6배나 높았다.[69]

간접흡연이라고 하면 흔히 비흡연자가 흡연자의 담배 연기에 직접 노출되는 것만을 생각하기 쉽지만, 흡연자가 담배를 피우고 난 뒤 옷이나 집안 먼지, 섬유 등에 남아 있는 유해물질로 인한 3차 흡연도 간접흡연에 포함된다. 흡연 후 옷이나 카펫 등에 밴 담배 유해물질 잔류물과 실내의 유해물질이 결합되면 담배에서 나온 것과는 다른, 더 강한 독성 물질이 생길 수도 있다고 하니, 3차 흡연의 유해성 또한 간과할 일이 아니다. 특히 면역력이 약한 소아의 경우 간접흡연으로 인한 피해가 심각하게 나타날 수 있다. (…) 소아 폐렴의 28.7%가 간접흡연 때문인 것으로 나타났다. 더불어 부모가 흡연하는 경우 그러지 않은 경우보다 자녀의 급성 호흡기 질환 감염률은 5.7배, 폐암 발생률은 2배나 높다. (…) 담배의 유해물질은 담배를 피우고 시간이 지남에 따라 그 양이 감소하긴 하지만 호흡을 통해

나는 태어나자마자 속기 시작했다

지속적으로 배출되고, 옷, 머리카락 집안 내 카펫 등에 남아 있다. 이런 유해물질을 완벽하게 차단하는 것은 거의 불가능한 일이다.[70]

신문만 넘겨도 이런 정보들이 개인을 압박하는 B사회에서 담배를 긍정할 여지는 없다. 그래서 부엌에서 담배를 피우던 가장은 거실로, 베란다로, 복도로, 그리고 건물 밖으로까지 나갈 수밖에 없다. B사회에서는 입에서 담배 냄새만 나도 '매너 없는' 사람 취급을 받는다. 자기 절제가 부족한 사람으로 보기까지 한다. 비흡연자의 저항도 강렬해졌다. 이제 법적으로도 '흡연권'은 '혐연권'보다 하위에 있다. 아무리 '자기가 돈 주고 산 기호품을 즐길 자유'가 있다고 하더라도, 그 연기를 '싫어할 권리'가 우선이 되었다. 그 배경 덕택에 비흡연자의 요구는 커질 수 있었고 흡연자의 '내가 피우든 말든!'이라는 논리는 과거보다 무색해졌다. 남에게 피해를 주는 흡연자의 모습은 '시민 의식이 결핍된 사람'으로 보일 뿐이다. 요즘 초등학생들은 이미 '흡연'보다는 '금연'이라는 단어에 더 많이 노출되어 있다. 그래서 사람이(대상), 담배를 피우는 모습을(상태), 나쁜 이미지로(가치판단) 인식한다. 흡연자들은 사회의 구성원들로부터 받는 불편한 시선 때문에 더욱 입지가 좁아지고 행동을 바꾸기 시작한다. 한국의 19세 이상 남성 흡연율은 66.3%(1998)→46.9%(2009)→42.1%(2013)→39.1%(2016)로 점점 떨어지고 있다. 이미지가 달라지면 사람도 달라지는 셈이다.

간통죄 폐지

흡연의 부정적 이미지가 사회의 변화에 따라 드러나기 시작했다
면 간통은 부풀려져 있던 부정적 이미지가 옅어진 경우라 할 수
있다.

　결혼한 사람이 다른 이성과 성관계를 갖는 걸 좋아할 사람은
없겠지만 그렇다고 국가가 개입하여 처벌하는 것을 모두가 좋아
하는 건 아니다. 간통죄는 일본에서는 1947년에 폐지되었고 미
국의 경우 21개주에서 벌금형 형태를 띠고 있으나 사실상 사문
화된 상태다. 하지만 한국에서는 헌법재판소 위헌심의에서 1(위
헌) 대 8(합헌)의 압도적 차이가 나올 정도로(2001) '간통에 대한
국가 처벌'을 당연시했다. 하지만 시대의 변화에 따라 2008년도
위헌심의에서는 5(위헌) 대 4(합헌)로 역전이 이루어졌고, 드디
어 2015년에는 7(위헌) 대 2(합헌)로 위헌 결정 정족수 6명을 넘
게 되면서 간통죄는 폐지된다. 헌법재판소는 "성인의 자발적 성
행위는 개인의 자유 영역이다. 성도덕에 맡겨야 할 내밀한 성생활
영역에 국가가 개입해 처벌하는 것은 개인의 자기결정권과 사생
활의 비밀·자유를 침해한다"[71]면서 간통죄 위헌 이유를 밝혔다.

더 이상 112에 불륜을 신고하지 못한다는 건 간통의 이미지가 달라졌음을 의미한다. 이는 '개인의 자기결정권'이라는 추상적인 단어가 익숙해지면서 가능해졌다.

　여기서 유념해야 할 지점이 있다. 흡연이든 간통이든(성추행이나 여성혐오 발언도 마찬가지이다) 그것에 대한 의식의 흐름이 이루어진 것은 사실이지만 동시대를 살아가는 모두의 의식이 바뀐 것은 아니라는 점이다. 사회 갈등은 이 의식의 차이에서 비롯되는 경우가 많다. 여전히 '노인 세대'들은 담배 연기가 타인에게 피해를 준다는 점을 쉽게 이해하지 못한다. 오히려 담배도 마음대로 필 수 없는 세상이 되었다며 개탄한다. 노인 세대의 의식이 과거에 머물러 있는 것은 이들이 달라진 사회 이전의 공기에 더 오랫동안 노출되어 있었기 때문이지 다른 이유는 없다. 그러니 나의 판단이 절대적이라고 생각하기 전에 사회가 내게 어떤 이미지를 강요하고 있는지부터 짚어봐야 한다.

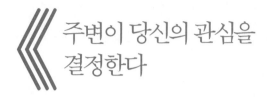

주변이 당신의 관심을
결정한다

나는 걸그룹 '소녀시대' 멤버의 얼굴과 이름을 정확히 안다. 워낙 유명한 사람들인지라 그게 뭐 대수냐고 하겠지만 이모들 이름도 잘 기억하지 못하는 내가 무려 아홉 명의 이름까지 정확하게 알고 있다는 것은 놀라운 일이다. 그런데 당연한 이치다. 이모는 지금껏 '큰 이모', '막내 이모'라 불렀으니 이름을 알 턱이 있나.

하지만 '소녀시대' 이야기는 내 주변을 병풍처럼 감싸고 있다 ('소녀시대'는 이해를 돕기 위한 소재다. 우리가 중요하다고 생각하는 가치관은 마치 소녀시대 이름을 외우듯이 자연스럽게 익숙해진다). 사람들과의 대화에서, TV에서, 인터넷에서 '소녀시대'는 나의 의지와 무관하게 빈번히 등장한다. 그러니 모를 수가 없다. 이들의 이

나는 태어나자마자 속기 시작했다

름을 연습장에 하나하나 적어가면서 외운 적도 없다. 그저 '한국에 살다 보니' 자연스럽게 이들의 이름들이 익숙해졌을 뿐이다. 물론 처음에는 생소했다. 내게 '소녀시대'는 가수 이승철의 노래 제목이었을 뿐이다. 하지만 내 주변에서 제공하는 정보가 어느 순간 달라지기 시작했다. 내가 묻지도 않았는데, "어제 소녀시대 나온 거 봤어?"라면서 말을 건넨다. 어느 순간부터, '소녀시대'를 잘 모르는 나는 민망해진다. "소녀시대도 몰라? 요즘 대세인데 어찌 이런 것도 모를 수 있어?"라는 핀잔도 잦아진다. 그러다 보니 서서히 아홉 명의 얼굴과 이름을 알아간다. 주변 환경을 구성하는 건 친구만이 아니다. 언론은 소녀시대의 일거수일투족을 보도한다. 출국할 때는 공항패션을, 입국할 때는 손에 쥐고 있는 가방을 마치 특종인 양 보도한다. 평소 식단은 무엇이고 운동은 어떻게 하는지는 물론이고 연애라도 하면 대서특필된다. 그래서 나는 '소녀시대'에 익숙해진다.

혐오를 확신하는 사람들의 사고 시스템

이렇듯 '나의 특성'은 '외부적 조건'과 무관할 수 없다. 자신의 주변에 어떤 사람이, 무슨 말을 하는지는 내 정체성과 가치관 형성에 지대한 영향을 끼친다. 사회문제를 제대로 해결하기 위해서 이와 같은 '틀'로 개인과 사회의 관계를 이해하는 것은 굉장히 중요하다. 문제가 유발되는 넓은 지점들을 발견할 수 있기 때문이다.

개인 A는 '주변 환경' B, C, D의 영향을 받아 사회화된다. 부모, 친구, 교육제도(교사, 교과서, 입시제도), 미디어가 대표적인 주변이다. A는 상식적이든 아니든 자신의 생각을 B, C, D의 동조를 발판 삼아 진리라 확신한다. 이 과정에서 '비상식'이 '상식'으로 둔갑하는 일은 비일비재하다. 누군가를 차별하는 수준을 넘어 조롱과 멸시를 대수롭지 않게 생각하는 '혐오'라는 감정은 대개 외부적 지지를 동반한 개인의 '합리적인' 의사 결정이다. 그래서 논리는 엉성해도 확신은 견고하다. '그럴 만하니 혐오한다'는 말도 안 되는 자신만만함이 가능한 이유다.

예를 들어, 어떤 여성이 흡연을 하고 있다고 치자. 이 모습은 사회마다 다르게 받아들여진다. 어떤 나라에서는 '여성이 흡연한다'는 것 외에는 별다른 생각이 없지만 한국에서는 '어? 여자가 담배를 피우네?'와 같은 의아스러운 반응이 동반되면서 부정적인 이미지가 형성된다. 한국에서 여성의 흡연 행위는 남성의 그것과 동일한 이미지가 아니다. 이때 B, C, D들은 '어딜 여자가!', '요즘 세상 말세다', '출산하는 여자에게 흡연은 해롭다'는 비상식의 언어들을 사용하면서 A가 '대상의 상태'(여성이 흡연하는 것)를 부정적으로 평가하도록 종용한다. 이런 사회화 과정

나는 태어나자마자 속기 시작했다

을 거치면, A는 '여성이 흡연하는 것=남성이 흡연하는 것보다 훨씬 더 나쁘다'는 이미지를 구축한다. 이런 풍토가 야기한 흥미로운 결과가 있다. 앞서 남성 흡연율이 해마다 지속적으로 줄어드는 것에 비해, 그렇게도 흡연의 유해성을 강조한들 여성 흡연율에는 별반 변화가 없다는 사실이다. 늘 6~7%대를 유지한다. 왜일까? 여성 흡연자들은 애초부터 '노출된 공간'에서 흡연하는 것에 익숙하지 않았다. 그래서 카페에서, 화장실에서 숨어서 기호식품을 향유한다. 기질적으로 폐쇄된 공간을 좋아할 리도 없고 선천적으로 겸손해서도 아니다. 다른 이유가 있겠는가. 길거리에서 피우면 욕을 먹기 때문이다. 빌딩 앞에서 삼삼오오 모여 흡연을 하는 사람들 무리에서 여성 흡연자를 발견하기는 쉽지 않다. 다시 말해 이들은 애초에 '혼자서' 피우기 때문에 사회적 시선이 달라진다고 해서 별 영향을 받지 않는다.

동성애를 인정하면 모두에게 전염된다?

한국 사회의 대표적인 혐오 대상인 '동성애'에 대한 사회적 이미지가 어떻게 조성되는지를 살펴보자(이 책에서 '동성애'가 자주 등장하는 건 '사회적으로' 고정관념이 심각한 대표적인 경우이기 때문이다). 동성애 혐오를 일삼는 사람들이 그 근거를 성서에 기반하고

만 있는 것은 아니다. 종교의 맥락이 없어도 성적 소수자에 대한 차별이 자신의 소신(?)이라면서 당당하게 이야기하는 사람들이 더 많다. '모름지기 인간이라면 동성애를 지향해서는 안 된다'는 사람이 한국 사회에는 참 많다. 그런데 미국의 전(前) 대통령이었던 버락 오바마는 이런 말을 하면서 동성 간 결혼을 지지했다. "동성애자들이 다른 사람들과 동등하게 대우받을 때까지 우리의 여정은 끝나지 않을 것이다. 우리는 평등하게 창조됐기 때문에 우리의 사랑도 또한 평등해야 한다." 이것이 오바마 대통령 개인의 독특한 의견이라고 할 수도 없다. 미국 연방 대법원은 '성인 사이에 합의한 비상업적이고 사적인 동성 간 성행위를 주법으로 금지하는 것은 자유와 사생활을 침해할 만한 타당한 이유가 없으므로 헌법에 위배된다'면서 과거의 유산을 '합법적으로' 철폐하고 동성 결혼이 '합헌'이라 결정한다.[72] 유럽으로 시선을 넓히면 사례는 부지기수다. 아이슬란드에는 지난 2009년 '동성애자 총리'가 탄생했으며, 재임 중 결혼까지 했다. 프랑스와 독일의 수도인 파리와 베를린에서는 공개적으로 커밍아웃을 한 정치인이 시장에 당선되었다(2001). 인구의 85%가 가톨릭 신자로, 서유럽에서 가장 보수적인 나라로 꼽히는 아일랜드는 '동성 결혼'을 국민투표로 합법화했다. 투표 참가자의 62%가 찬성표를 던진 이날 아일랜드의 총리는 "오늘 아일랜드는 역사를 만들었다. (…) 이 결정은 모든 시민을 동등한 존재로 만들며 결혼 제도도 강화

할 것이라고 믿는다"라고 말한다.[73] 대만에서도 동성 결혼 금지가 위헌이라는 판결이 나왔고(2017) 호주에서도 동성 결혼 국민투표에서 찬성이 62%나 나왔다. 한국에서는 상상할 수 없는 일을 세계 곳곳에서는 '정당한 권리'로 보고 있다.

'모름지기 인간이길' 포기한 사람들이 이토록 많았다니 놀라울 뿐이다. 사례들을 보면 한국에서 거론되는 '보편적 인간론'에 기댄 동성애 혐오는 궁색하기 짝이 없다. 동성애를 허용한 나라의 사람들은 '인간 이하'란 말인가. 혹은 한국인만 모름지기 '더' 인간적이란 말인가. 이 차이는 주변의 차이다.

실제, 미국의 경우도 동성애자를 차별할 수 없게 하는 제도가 하나둘 생기기 시작하면서 당사자들의 커밍아웃이 증가했고 그 덕에 미국인들 77%가 '개인적으로 아는 동성애자가 있다'고 답할 정도가 되었다. A가 곁에 있는 B, C, D를 통해 동성애를 낯설게 보지 않았기에 동성애를 이상하게 취급하지 않는 사회적 분위기가 만들어졌고 나아가 대법원의 동성 결혼 합헌 결정으로 이어졌다고 볼 수 있다.[74]

한국은 어떠할까? 한국에서 동성애 혐오가 유독 심한 이유는 A가 과격해지도록 유도하는, 혹은 과격함을 방조하는 B, C, D가 존재하기 때문이다.

성적 지향에 따른 차별을 금지하자는 법조항을 발의한 국회의원의 사무실에는 항의전화가 빗발친다. 동성애자라는 이유만으로 누군가 차별을 받는다면, 차별하는 자를 '엄히' 다스리는 것이 사회의 역할일진대, 많은 어른들이 '문란한 법'이라면서 반대를 한다. 이들의 논리는 간단하다. 동성애자 차별 금지법을 만들면 '모두가' 동성애에 전염된다는 것이다. 이 논리에 대한 반박은 단순하다. 앞서 동성애를 인정한 나라에서 '동성애자가 범람한' 사실은 없다.

A가 제대로 된 B, C, D를 만났다면 이런 몰상식한 논리를 펼 가능성은 낮아졌을 것이다. A는 어떤 주변 환경에 둘러싸여 있는 것일까? 첫째, '과학적인 것'에 대한 신뢰가 낮은 사회 풍토다. 동성애에 대한 차별의 역사가 무구하다는 뜻은 그렇게 박해를 한다고 해서 사라지는 것이 아니라는 것을 오히려 방증한다.

어느 사회에나 동성애자는 이미 '왼손잡이'처럼 특정 비율로 존재한다(통계상 동성애자의 비율은 9~11% 사이이다. 이는 왼손잡이 비율과 비슷하거나 조금 높은 수치다). 이성애만이 '자연의 섭리'가 아니란 말이다. 과학적으로 정확히 표현하자면, '태어나는 사람들 중에 89~91% 정도가 이성애 성향을 지니고 있는 것이 자연의 섭리'인 셈이다.*

---

* —— 물론 성적 지향을 '이성애'(heterosexuality)와 '동성애'(homosexuality)로만 구분할 수 없다. '양성애'(bisexual)와 '무성애'(asexual)도 작지만 일정한 비율로 존재한다. 그러니 과학적 사고를 하면 동성애의 옳고 그름은 중요하지 않다.

나는 태어나자마자 속기 시작했다

"동성애를 인정하면, 모두 동성애에 전염된다!"

vs.

"어느 사회에나 동성애자의 비율은 9~11%이다."

고래, 원숭이, 기린, 갈매기 등 여러 동물의 세계에서도 일정 비율로 수컷과 암컷이 서로를 거들떠보지도 않고 대신 동성끼리 마치 짝짓기를 하듯이 친밀해지는 경향이 있다. 뉴욕센트럴파크 동물원의 수컷 펭귄 로이와 사일로의 사랑은 동화책으로 나오기까지 했다.[75] 그래서 동성애 논쟁은 의외로 간단하다.

"태어날 때부터 성적 지향성을 타고난다. 논의 끝."

사회 분위기가 과학적 사유의 풍토가 있다면 동성애를 혐오하는 A가 등장할 가능성은 낮아져 "언제부터 그랬대?"라는 바보 같은 질문을 던지는 사람은 줄어들 것이다. 멋대로 말했다가는 망신당할 수 있으니 전체적으로 '다름'에 대한 조롱이 낮아지는 건 당연하다. 하지만 한국 사회에는 '혈액형별 심리테스트'처럼 비과학적인 것이 사람 심리를 제대로 설명한답시고 여기저기서 언급된다. 그래서 과학적 사고로 합리적 의심과 사실에 입각한 논증을 해가는 것이 아니라 유교적 정서에 입각한 전통, 그 '질서'를 유지하는 것을 상식이라고 말하는 경향이 짙다.**

＼ 다르다와 틀리다를 구분하지 못하는 한국인

차별에 대한 사회의 예민성도 동성애 혐오에 영향을 미친다. 비록 동성애를 혐오하는 A가 있을지라도 A를 둘러싼 B, C, D가 '그

나는 태어나자마자 속기 시작했다

렇다고 동성애자가 불이익을 당해서는 안 된다!'는 톨레랑스(관용) 정신이나 '차별받는 유일한 것은 차별하는 것이어야 한다'는 철학을 중요시한다면 혐오는 만연할 수 없다. 하지만 한국의 상황이 어떤지는 독자들이 더 잘 알 것이다. 관용? 시민 정신? 우리는 그런 것을 배워본 적이 없다. 혹시 들어보았어도 시험에 나오지 않으니 깊게 생각해본 적도 없다. 그래서 한국인들은 '다름'에 관한 촉수 자체가 워낙 약하다. 한국인에게 다른 것은 틀린 것, 열등한 것, 그리고 비정상이어서 없어져야 될 존재다.[76]

다르다와 틀리다를 혼동하는 곳에서 동성애에 대한 혐오가 크

＊＊── '혈액형별 심리테스트'는 (장난삼아라도) 신뢰해서는 안 된다. 그것이 비과학적이라는 것은 이미 검증되었지만, 무엇보다 그런 '분류의 욕망'이 독일 나치의 인종차별, 그리고 일제의 식민지 역사관에 그 뿌리를 두고 있기 때문이다. 혈액형 분류법은 독일 의학자 '힐슈펠트'(Ludwick Hirschfeld)가 1919년에 '인종별 혈액형 혈청학적 차이'라는 논문을 발표한 것이 시초이다. 그는 '진화할수록 A형이 많다'는 '인종계수' 수치를 만들어 2.0 이상은 유럽형이고 1.3 미만은 아시아, 아프리카형이라고 주장했다. 이것은 당시 유행하고 있던 '우생학'의 분위기와 결합하여 '어떤 인종은 우월하다, 열등하다'는 말이 태연스러워지는 시대를 양산하게 된다. 그 이후, '홀로코스트'라는 끔찍한 일이 발생한 것은 다들 알지 않은가? 일본에서는 이 인종계수를 적용한 논문이 1922년에 발표된다. 자신들은 1.78이고 조선은 지역마다 차이가 있었지만 전반적으로 1.0 정도를 나타내자 '일본인이 조선인보다 우월하다'는 어이없는 내용이었다. 그런 역사가 있었던 일본에서 1970년대에 '혈액형에 따른 운세' 등이 유행했고 그것이 한국으로 건너와서 '더' 번영(?)했다. 혈액형 심리에 관한 무수한 책들이 이를 증명한다. 저자들은 '혈액형에 따른 심리가 존재한다는 것을 아직까지 과학이 검증 못하고 있을 뿐'이라는 터무니없는 소리를 하면서 독자들을 유혹한다. 역사를 알면 '재미 삼아라도' 결코 해서는 안 될 행동이다. 하지만 이런 식의 비판을 하면 "재밌자고 하는데 왜 그리 죽자 살자 달려드느냐!", "꼭 그렇게 진지한 척해야 하느냐!"라는 대답이 돌아올 뿐이다.

지 않을 수가 없다. 자신과 성적 정체성이 '다른' 동성애자는 '틀린' 사람일 뿐만 아니라 사회질서를 파괴하는 나쁜 사람이기 때문이다. 이런 사회에서 '혐오'는 정당화되고 혐오를 합리화하는 논리는 끊임없이 재생산된다. 그러니 동성애자들은 자신의 성적 지향을 '밝히기'가 두려워질 수밖에 없다. 그 결과, 보통 사람의 '눈에 비치는' 세상에는 이성애자뿐이다. '모름지기 사람이라면' 이라는 말을 하는 사람이 많아지니 일상에서 공공연히 동성애자는 차별을 넘어 조롱과 멸시의 대상이 된다.

미디어 역시 이러한 사회 풍토를 고스란히 반영한다. 동성애자들이 모여서 마약 파티를 했다고 하자. 언론은 이를 어떻게 보도할까? '동성애자 마약 파티'라고 사실 그대로 적시한다. 사람들은 이런 기사를 통해 '동성애자들이 문란하다'는 인식을 가지게 되고 차별을 더욱 정당화한다. 하지만 이성애자가 마약 파티를 했다고 해서 '이성애자 마약 파티'라고 보도하는가? 범죄 뉴스에 '가해자의 성적 지향성'을 늘 언급한다면 어떻게 될까? 우리는 날마다 '마포구 발바리! 그는 이성애자였다!', '이성애자 ○○○, 누구를 성폭행하다!' 등의 헤드라인을 보게 될 것이다. 하지만 그렇게 보도하지 않는 이유는 이성애자라서 범죄를 저지르는 것이 아니라는 것을 상식으로 알기 때문이다. 하지만, 동성애자에 대한 보도에는 상식이 달라진다. 이런 주변에 영향을 받은 개인이 기존의 고정관념을 견고히 하는 건 당연하다. 나아가 이 개인이

나는 태어나자마자 속기 시작했다

누군가의 주변이 되어 편견의 사회적 총량을 늘려간다. '혐오할
권리도 있다'는 말이 등장할 수밖에 없다.

문화는 많은 사람들의 행동 양식일 뿐이다

'문화'라는 정서적 도피처에 들어가 자신의 혐오를 정당화하는
사람들이 많다. 그러나 '문화'라는 것도 따지고 보면 '많은 사람
들이 그렇게 생각한다'는 것을 뜻할 뿐이다. 다수결이 진리를 뜻
하는 것도 아니고 폭력을 합리화하는 이유가 될 리도 없다.

　그나마 희망적인 것은 동성애에 대한 거부 반응이 '사라졌다'
는 경우가 2010년 15.8%에서 2014년 23.7%로 증가하고 있다는
것이다. 동성 간 결혼을 합법화하자는 의견도 2010년 16.9%에서
2014년 28.5%로 증가했다.[77] 물론 이런 분위기를 용납하지 않겠
다는 '호모포비아'들의 목소리도 커졌다. 대중매체에서 동성애와
관련된 이슈가 등장하면 아직도 어김없이 '반대' 목소리가 등장한
다. 김수현 작가의 드라마 〈인생은 아름다워〉가 방송될 때, 이를
규탄한다면서 '〈인생은 아름다워〉 보고 게이 된 내 아들 AIDS로
죽으면 방송국은 책임져라'는 내용의 광고가 버젓이 종합 일간
지에 실리는 판국이다.

　여전히 정치적인 발걸음은 더디다. '시민 인권 헌장'에 '성적

지향 및 성별 정체성', '성소수자' 등의 단어 하나 넣는 걸 가지고 '소돔과 고모라'를 언급하며 결사 항전을 부르짖는 이들이 너무 많으니 표를 의식하는 정치인들은 적극적인 행보를 마다한다.

교육 현장은 아직도 과거에 머물러 있다. 일례로 2015년 3월 29일 교육부가 일선 학교에 전달한 '학교 성교육 표준안'을 보면 "동성애에 대한 지도는 허락되지 않는다"면서 "다양한 성적 지향 용어 사용을 금지"하고 "(기존 교육의) 성소수자 내용을 삭제"하길 권고한다.[78] 사회 전반의 도움 없는 사람들의 인지적 변화는 '장밋빛 구름'에 그칠 가능성이 농후하다. 이 글을 읽는 당신이 지금에야 상식적이라 할지라도 '옳지 않은' 주변 환경에 지속적으로 노출된다면 '외눈박이 나라의 두눈박이'처럼 어찌할 재간이 없다.

{4장}

우리를 조종하는 마법의 단어들

'경제성장'은 도처에서 분명히 볼 수 있는 끔찍한 사회문제들에 대한 보편적 해결책이 아니라 그러한 문제들을 지속시키고 심화시키는 주된 원인으로 보인다.

지그문트 바우만(Zygmunt Bauman)[79]

믿기 시작하는 순간 속기 시작하는 거야.

영화 〈시체가 돌아왔다〉에서 안진오(류승범 분)의 대사 중

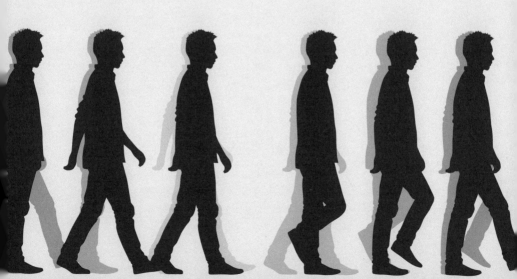

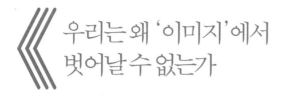

우리는 왜 '이미지'에서 벗어날 수 없는가

청소년들이 뒷골목에 모여 담배를 피운다. 굉음을 내면서 오토바이를 타고 도로를 난폭하게 질주한다. 이 모습들은 아마 전 세계 어디를 가더라도 있음직한 청소년 '일부'의 이야기일 것이다. 하지만 일부를 걱정하는 정도는 같지 않다. 한국에서는 이런 케이스들을 '청소년 문제'(youth problem)의 대표적인 경우라 규정한다. 명백히 잘못된 것이니 별도로 분류하여 '관리'해야 한다고 강조한다. 그래서 '사회문제'(social problem)를 논할 때 노인 문제, 교육 문제 등처럼 청소년 문제는 반드시 목록에 포함된다. 하지만 청소년 문제를 사회문제 '안'에서 다루지 않는 나라들도 많다. 청소년 문제가 그 나라에 존재하지 않아서가 아니다. 이를 문제로 규정하는 것에 신중을 기하기 때문이다. 예를 들어 청소년들이 약물중독에 빠진다면 약물 문제를 다루면서 청소년의 비중을 언급하는 방식을 택하지 '청소년이기 때문에' 더 큰 문제라는 생각을 경계한다. 이유는 간단하지만 진중하다. '청소년 문제'를 표면화하는 경향이 강한 사회일수록 일탈을 저지르는 청소년을 '문제아'로 규정하는 경향이 강하기 때문이다. 사람이 낙인을 받으면 자연스럽게 사회적 배제를 경험하게 되면서 궁극적으로 더 큰 사회적 문제를 일으킬 가능성이 높아진다. 섣불리 '사회문제'라는 범주에 청소년을 가두지 않는 이유다.

하지만 한국처럼 모두가 공부하는 학생이어야만 하는 곳에서는 특정 청소년의 작은 일탈도 '면학 분위기 훼손'이라는 이유로 큰 문제로 인식된다. 그래서 늘 문제아들을 발견하는 데 혈안이니 '청소년 문제'라는 범주가 어색하지 않다. 이런 나라에서는 문제를 일으킨 청소년이 쉽게 원위치로 돌아오지 못한다. '암적인 존재'로 불리는 이들의 방황이 길 수밖에 없다.

한국 사회의 인종차별, 그 현주소

반면 외국에서는 심각한 사회문제지만 한국에서는 별거 아닌 문제도 있다. '인종차별' 문제가 대표적이다. 한국에서는 최근에 들

나는 태어나자마자 속기 시작했다

어서야 '사회문제' 영역에서 이를 언급하기 시작했다. 우리와 다르게 미국이나 유럽의 경우 사람이(대상) 인종을 차별하면(대상의 상태) '명백한 문제'(가치판단)로서 이해하는 역사가 깊다. 물론 한국 사회가 전통적으로 여러 인종이 섞여 있지 않기 때문에, 과거에는 사회문제로 부각될 만한 '인종차별'이 그리 많지 않았던 것도 사실이다. 하지만 이주노동자, 다문화 가정이 익숙한 용어가 된 시대에 의식이 과거에 머물러 있다면 인종차별을 차별이 아니라고 생각하는 심각한 문제를 야기한다.

이주노동자들이 열악한 처우를 넘어 비인간적 대우를 받는 뉴스는 결코 낯설지 않다. 일상에서 차별에 둔감한 결과일 터다. "동남아 사람처럼 생겼다"는 말이 예능프로에서 시시때때로 등장해도 불편해하는 사람이 없다. 이 말의 뜻이 "유럽 백인을 닮았어!"와는 전혀 다른 맥락임에도 별다른 사회적 반향을 일으키지 않는다. 오히려 문제 제기를 한 사람이 '유난 떤다'는 소리를 듣는다. 그 결과, '다문화'라는 단어 자체에는 아무런 차별이 없지만 실제로 '다문화 가정'이라는 말에는 사회적 약자라는 의미가 배어 있다. 신기하게도 이 측은한 시선의 총량만큼 사회적으로 '오해받고' 그래서 멸시당하는 경우가 잦아진다. 그러니 한국여성이 미국 남성과 결혼했거나 혹은 한국 남성이 영국 여성과 결혼해서 아이를 출산한 가정은 '다문화' 가정이라고 부르지 않는다. 우리가 만들어놓은 '다문화'라는 이미지 안에 해당되지 않아서일 게다.

우리가 이미지에 지배당하고 있음을 성찰하는 것은 너무나 중요하다. 왜냐하면 사회가 만들어놓은 이미지를 우리가 고스란히 당연하게 받아들일수록 괴기스러운 일들이 출몰하기 때문이다.

'김치'에 대한 이미지는 단순히 배추절임 수준이 아니다. 기형이 된 이미지에 지배당한 사람들의 행동은 혀를 내두를 정도다. 김장철이 되면 대학교 교정에서는 외국인 유학생들에게 앞치마와 고무장갑을 강제 착용시키고 배추에 빨간 양념을 버무리게 하는 진풍경이 벌어진다. 입을 벌려 억지로 맛보게 하는 것도 빠지지 않는다. 한국에 오면 이런 거 한번 해봐야 한다는 것이다. 그냥 '김치 맛'일 뿐인데 '한국의 맛'을 알겠느냐면서 "원더풀!"이라는 반응이 나올 때까지 캐묻는다. 김치가 수천 년 동안 한국인들의 역사와 함께했다는 거짓말을 해댄다. 다른 나라에서는 감히 흉내조차 내지 못할 음식을 우리만이 보유하고 있다는 자부심이 김치 이미지에 담겨 있으니 가능한 행동이다. 외국인에게 저 지경이니 우리 일상에서 김치 폭력은 대단하다. 예를 들어 어린이가 다른 음식은 못 먹어도 김치를 먹을 줄 알면 "기특하다"는 소릴 듣고, 다른 음식을 잘 먹어도 김치를 좋아하지 않으면 "요즘 애들은 김치도 못 먹는다. 저렇게 나약해서 어쩌나"라고 걱정한다. 의학적으로 하루에 한 포기는 먹어야 효과를 볼 수 있는 김치의 유산균 효과는 '만병통치약'이자 '조상의 지혜'라면서

나는 태어나자마자 속기 시작했다

과장된다. 심지어 '김치 덕분에' 한국인들이 '전염병에 강하다!' 는 비약적인 인과관계가 뉴스로도 등장한다. 지난 2003년 '사스' (SARS: 중증 급성 호흡기 증후군)가 유행할 때, 한국은 발병 및 전염의 경우가 거의 없어서 세계적으로 '예방 모범국'이라고 인정받은 적이 있었다. 이럴 때 김치는 국가 대표로 등장한다.

> 나라 안팎에서 사스 공포가 계속되고 있는 가운데 다행히 우리나라에서는 아직까지 사스 환자가 확인되지 않고 있습니다. 그런데 이게 다 김치 덕분 이라는 주장이 제기돼 요즘 관심을 끌고 있습니다. (…) 한국인의 식탁에서 빠질 수 없는 음식, 김치는 어떤 음식보다도 인체의 면역 기능을 높여줍니다. 김치에 들어 있는 마늘은 세균에 강하고, 고추의 매운맛은 인체에 자극을 일으켜 면역성을 높여줍니다. 젖산과 초산이 함께 들어 있는 세계에서 보기 드문 음식입니다(SBS 뉴스, 2003. 4. 15. "한국인, 김치 때문에 사스 감염 안 돼").

김치가 '세계에서 보기 드문 음식'이라는 것은 우리만의 생각일 뿐이다. 면역력에 좋은 '김치'를 잘 먹는 나라에서 어쩌다가 '메르스'(MERS: 중동 호흡기 증후군) 발병은 세계 2위를 기록하게 되었을까? 이 와중에도 "김치 많이 먹는 우리 민족, 메르스 극복할 수 있다"고 말하는 걸 잊지 않는 정치인이 등장한다.

김치를 세계적으로 알리겠다면서 애먼 국민의 돈이 낭비되기도 한다. 한국농수산식품유통공사가 발주하여 세금 1억 4000만 원이 투자된 애니메이션 〈김치 전사〉(Kimchi Warrior, 2010) 사례는 이미지가 지배하는 사회의 문제를 적나라하게 보여준다. 이 애니메이션은 누리꾼들로부터 '희대의 산업폐기물', '망작 중의 망작'이라는 악평을 받았는데[80] 이는 단지 질 낮은 영화적 완성도만이 아니라(직접 YouTube에서 확인하길 바란다!) 음식마저 애국주의의 대상이 되는 풍토에 대한 회의감을 드러낸 것이었다. 아니나 다를까. 언론 역시 '김치가 대단해=한국인들 대단해'라면서 비(非)저널리즘의 극치를 보여준다. KBS 뉴스의 낯 뜨거운 '김치 전사' 찬양을 보자.

뽀빠이가 시금치를 먹고 힘을 냈다면 이번에 보실 만화 주인공은 김치를 먹고 세균과 악당을 물리칩니다. (…) 말라리아 떼 습격을 받은 인도에 머리에 배추를 쓴 '김치 전사'가 출동합니다. 2000년 숙성된 김치 가스 반격에 악당들은 무릎을 꿇습니다. 신종 플루 돼지독감이 번지면서 미국 전역이 폐허가 됐습니다. 백악관도 예외가 아닙니다. (…) '김치 전사'의 활약으로 평화가 찾아오고 이곳저곳이 푸른 배추밭으로 변합니다. (…) 김치가 건강식품임을 과학적으로 보여줌으로써 오락과 교육을 동시에 충족시켰다는 평가입니다. (…) 뽀빠이가 시금치 소비를 늘렸듯이 토종 캐릭터 '김치 전사'가 '김치 한류'를 이끄는 첨단 병기로 떠올랐습니다(KBS 뉴스, 2012. 3.

나는 태어나자마자 속기 시작했다

16. "토종 캐릭터 김치 전사, 한류 이끈다!").

한국에서 통하는 마법의 단어들, 김치, 애국, 북한

김치를 '한국적이자 그래서 세계인에게 강요할 수 있는 것'이라 생각하는 것이 왜 비논리적 사고인지 이해하기 위해서는 맛 칼럼니스트 황교익의 칼럼 "김치는 김치이다"[81]를 읽어볼 필요가 있다. 황교익은 말한다. 김치는 김치라고.

> 김치는 넓게 보면 지구상의 수많은 채소 절임 중의 하나다. 한국인은 지구상의 수많은 채소 절임 중에서 김치는 특별나다고 생각하며 '한민족의 위대한 발명품'이라 여긴다. (…) 김치는 짠지에서 변형된 음식이다. 짠지는 채소를 소금에 절이는 음식으로 지구상에 가장 널리 퍼져 있는 채소 절임이다. 생선을 소금에 절인 것은 젓갈이다. 이 젓갈도 지구상에 바다가 있는 지역에는 거의 다 있는 음식이다. (…) 지금 한국인이 가장 즐겨 먹고 있는 배추김치는 200년 정도의 역사를 지니고 있는 것이다. 200년 전이라 했지만 그즈음에 온 민족이 지금과 같은 배추김치를 먹었을 것이라고는 상상하기 어렵다. 그 무렵에 지금의 배추김치가 탄생했다는 정도로 해석하는 것이 맞다. (…) 바닷가의 젓갈과 산간 지방의 고추가 자유롭게 유

통되기 시작한 것은 일제강점기다. 일제는 한반도에 혈관과 같은 철로를 놓았고, 젓갈과 고추는 그 철로를 따라 지역을 넘나들면서 채소 절임에 적극적으로 유입되었다. 묘하게도 김치가 확산되던 이때에 김치에 대한 한민족의 자부심이 등장한다. (…) 스스로 독립을 이루지 못한 탓인가. 이제라도 독립하면 된다. 김치는 그냥 저장한 채소 절임일 뿐이라는 정신적 독립!

김치에 민족성이 개입되면 사람들은 김치를 객관적으로 판단할 수 없다. 누군가에게 함부로 강권하면서도 부끄러움을 느끼지 않는다. 타인의 취향을 무시하고 음식을 권하는 것이 무례한 행동이라는 것을 알지만 김치는 예외다. 김치의 이미지가 괴기스러움을 은폐시키기에 가능한 일이다.

김치처럼 묵직한(?) 이미지를 부여받은 마법의 단어들을 한국에서 찾는다면 무엇이 떠오르는가? 첫 번째 마법의 단어는 '애국'이다. 나라를 사랑한다니, 좋은 말이다. "애국이란 말처럼 이유 없이 마음을 들썩이게 하는 단어도 별로 없다."[82] 다만 나라를 무조건 사랑할 순 없다. 나라가 엉망일 때 무조건적인 나라 사랑은 의미가 없다. 하지만 한국에서 '애국이란 나라에 대해 함부로 말하지 않는 것'이었다. 애국의 이름이라면 폭력도 정당화된다. 박정희 정권이 이순신을 강조한 이유는 애국적 행동으로 포장된 자신의 독재에 대해 사람들이 왈가왈부하지 못하게 하기 위해서였다.

국기 하강식에 맞추어서 모든 사람이 부동자세로 가슴에 손을 얹는 웃지 못할 풍경은 오래전 일이지만, 그때 형성된 정서들은 꽤나 시간이 지나도 개인들을 지배한다. 황우석 교수 사건은 (2005) 과학이 애국으로 포장될 때 어떤 참극이 발생하는지 잘 보여준다. 줄기세포 복제에 성공했다면서 세계의 주목을 받았다가 논문 조작으로 끝난 희대의 코미디에서 논문 조작보다 더 눈여겨봐야 할 지점은 조작이 알려졌음에도, '믿으려고 하지 않는' 사람들이 너무나 많았다는 사실이다. 오히려 줄기세포의 실체를 쫓던 방송사 기자들이 매국노 취급을 받았다. 논문이 조작되든 말든 황우석 교수를 끝까지 지지한다는 촛불시위는 어떻게 해석해야 할까? 황우석은 '국가 대표' 과학자였다. "과학에는 국경이 없지만 과학자에게는 국경이 있다"라는 그의 말에 사람들은 열광했다. '한국인의 젓가락 기술'이 난자 추출 기술과 관련 있다는 얼토당토 않은 분석이 등장했고 미디어는 보도했다. 황우석을 국가와 동일시한 만큼 그의 추락은 곧 국가의 추락이었다. 많은 사람들이 쉽게 현실을 받아들이지 못한 이유다.

두 번째 마법의 단어는 '북한'이다. 한국 사회에서는 '북한과 연결'시키면 모든 논의가 종료된다. 토론을 하다가도 "당신의 의견은 북한의 입장과 비슷하다"라면서 큰소리치는 사람들을 종종 볼 수 있다. 논리적으로 토론에서 승산이 없을 때 상대의 주장을 북한과 연결하면 어쨌든 논의는 지지부진해진다. 자본주의 사회를 비판하면, "그럼 사회주의를 하자는 말이야? 당신 '종북' 이야?"라고 묻는다. '북한'이라는 단어에 필요 이상으로 '악랄한' 이미지가 덧씌워져 있지 않고선 불가능한 대화다. 그러니 어떤 사람의 논리를 북한과 연결만 시켜버리면 누구나 나쁜 사람이 된다. 이 역사는 매우 길다.

'좌익 공산주의자'란 표현은 1920년대 신문에서부터 보인다. 빨갱이는 1945년 광복 이후 본격적으로 쓰이기 시작했다. (…) '용공 세력'은 군사정권 시절 자주 등장했다. 특히 민주화운동이 최고조에 이른 1980년대 말 '용공'이란 단어가 많이 쓰였다. 민주화 세력을 공산주의와 결탁한 이들로 몰아붙이려던 당시 공안 당국은 이 용어를 전략적으로 택했다. (…) 1993년 문민정부가 들어선 뒤로는 '친북' 혹은 '친북 세력'이라는 말이 쓰이기 시작했다. 김대중·노무현 정부에서 야당은 정권을 종종 '친북 좌파'라고 불렀다. (…) 2008년 이명박 정부가 출범하면서 '종북'은 빠른 속도로 '친북'을 대체하기 시작했다. (…) 종북은 금세 보수 진영의 언어가 됐다. 여당이던 한나라당과 검찰의 '입맛'에 맞아떨어졌다. (…) 종북 프레임에 반대하는 사람들은 이 말로 엉뚱한 피해자가 생기고 있다고 주장한다. 정리해고 노동자나 터전을 잃은 철거민, 양성평등 운동세력, 특정 지역 출신까지 종북으로 불리면서 여러 사회문제에 관

나는 태어나자마자 속기 시작했다

한 이성적 토론이 어려워졌다는 것이다. (…) 주목할 지점은 종북 프레임이 일단 작동하기 시작하면 보수 세력을 결집시키는 효과를 낸다는 것이다. (…) 보수 진영에서 종북 프레임이 유리하다는 점을 아는 한 이 용어는 계속 쓰일 가능성이 크다. 전문가들은 공격성이 강한 용어가 지속적으로 사용되면 사회 통합은 점점 더 어려워진다고 우려한다.[83]

최근에는 '좌빨'이란 단어가 공공연하게 사용될 정도다. 이는 '좌파+빨갱이'의 합성어인데, 혐오스러운 두 개의 이미지를 겹쳐버렸으니 그 효과는 일파만파다. 북한의 이미지가 나쁜 것은 '반공'에 대한 강박관념이 한국 사회에 뿌리 깊다는 말이기도 하다.

이런 사회를 살아가는 사람들의 재미난 착각 하나를 소개한다. 노인들 중에는 '빨치산'이란 단어를 우리말로 착각하는 경우가 종종 있다. 빨치산은 불어 파르티잔(partisan)에서 나온 말인데 '레지스탕스', '정규군이 아닌 유격대' 정도의 뜻을 지닌 만국 공용어다. 하지만 한국 사람들 중에는 이 단어가 '6·25 전쟁 당시' 지리산이나 태백산맥에서 북으로 후퇴하지 못하고 고립되어 활동한 '당시의 북한 군인들'을 지칭하는 걸로 오해하는 경우가 많다.[84] 나는 어르신들을 상대로 한 강연에서 일부러 이 뜻을 물어본 적이 있다. 그러니 '빨치산'의 '빨'은 빨갱이를 뜻하고, '치'는 통치(統治)의 뜻이며, '산'은 말 그대로 '山'을 뜻한다고 답하는 분이 계셨다. 반공이란 말에 너무나 익숙했던 역사, 북한은 악(惡)으로만 포장하는 버릇이 없었다면 과연 이런 오해가 가능했을까?

5·18 광주민주화운동이 오랫동안 북한 간첩이 침투하여 벌인 일이었다는 추잡한 분석이 오랫동안 한국 사회를 부유할 수 있었던 것은 일단 북한과 연결되면 합리적 의심 능력을 상실해버리는 사람들이 그만큼 많았기 때문이다.

전두환 정권은 집권 기간 내내 끊임없이 간첩 사건을 조작한다. 특히 5·18 광주민주화운동과 관련된 시국 토론을 하거나 추모제를 하는 단체는 예외 없이 '북한의 지령을 받은 것'이라고 엮어버렸다. 1982년, 전북 군산의 교사 9명을 이적 단체 조직과 간첩 행위 등으로 구속한 '오송회 사건'이 대표적이다. 이들은 불법 구금된 상태에서 고문과 가혹 행위를 받으면서 허위 자백을 했다(이 조작 사건은 2008년이 되어서야 '무죄' 판결을 받는다). 어부로 위장한 간첩을 잡았다고 하면 죄다 전라도 지역 사람들이었다. 사람들은 생각한다. '어? 전라도에 간첩이 많이 있긴 있는 모양이네', '예전 광주에서 있었던 일이 북한과 연관되었다는 말이 사실이었나 봐'. 이러니 광주 사람들은 보수정당 정치인을 외면할 수밖에 없다.

북한에 대한 과잉 이미지가 왜 문제인지를 따지면 꼭 "그럼 북한이 나쁘지 않다는 말인가?"라고 생뚱맞은 질문을 하는 사람이

나는 태어나자마자 속기 시작했다

있다. 이미지의 힘은 이처럼 막강하다.

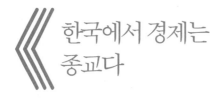

한국에서 경제는 종교다

"한국은 경제가 종교잖아요. 그것도 '애니미즘' 같은 종교. 도무지 말이 안 통해요."

비정규직 문제의 해법을 고민하는 토론회에 참석했던 한 교수의 말이다. 그는 아무리 '비정규직이 겪는 불평등'을 말해도 소용없다고 했다. 상대 쪽의 논리는 앞뒤 가리지 않고 언제나 "지금 경제가 좋지 않기 때문에…", "기업이 지금 매우 힘들기 때문에…"라는 말뿐인데, 도무지 어떻게 토론이 가능하겠느냐며 매우 분노, 아니 체념을 했다.

경제라는 단어에 현혹된 광신도들은 세상만사 모든 것을 '경제'라는 이름으로 채색된 기득권의 논리로 판가름한다. '경제 효

　　　　　　　　　나는 태어나자마자 속기 시작했다

과가 좋다면' 어떤 일이라도 해야 하며, '경제가 나쁘면' 인간의 자유를 통제한들 개의치 않는다. 정말 경제 효과가 좋은 건지, 정말 지금 경제가 나쁜 건지는 묻지 않는다. 기업과 기업가는 경제와 밀접히 연결되어 있다는 이유로 초법적인 존재로 통한다. 경제에 공헌했으니 형량을 줄여야 하고 경제가 회복되어야 하니 사면이 필요하단다. 과거, 삼성 이병철 회장은 "기업의 탈세와 불법은 불합리한 제도 때문이며 기업인을 처벌하면 경제가 위축되고 침체된다"라고 말하면서 기업이 경제와 상관관계가 있으니 혜택을 받아야 한다고 강조했는데 이후 이것은 "대통령과 판검사, 언론이 모두 추종하는 이데올로기가 되었다."[85] 그 결과 한국에는 세계 어디서도 볼 수 없는 '재벌'(財閥)이 존재한다. 재벌은 영어로도 'Chaebol'이다. giant business group(거대 사업집단), financial combine(자본 결합체) 등의 단어만으로는 한국의 '재벌'을 온전히 설명하지 못한다. 여러 개의 계열사를 동시에 보유하고 친인척들이 이를 운영하고 지배권이 초법적인데다 경영권을 자연스럽게 세습하면서 일반적인 민주주의의 가치를 무시하는 형태는 아무리 자본주의 사회라 해도 당연한 것이 아니다. 한국인들은 재벌이 다른 나라에도 있는 줄 알지만 설마 그러겠는가. 재벌이 영어로도 'Chaebol'인 이유는 한국인들이 자본주의를 의심하지 않기 때문이다. 재벌 총수들이 '존경하는 기업인'을 묻는 설문조사에서 늘 상위권에 오를 수 있는 이유는 한국에서 '경제'

라는 마법의 단어가 독특한 '이미지'로 사람들을 지배하고 있기 때문이다.

걸인의 철학

이런 한국의 특성을 '걸인의 철학'(the philosophy of beggar)이란 단어로 설명하는 건 전혀 어색하지 않다.* 이는 '현재의 물질적 행복을 인생 최고로 여기는 가치관', 즉 '현세적 물질주의'를 뜻한다. '황금만능주의'라고 하면 단번에 이해된다. 먹고사는 문제만 해결된다고 해서 '인간다움'이 완성될 리 만무하지만, 실제론 많은 이들이 경제적인 것만 해결'되면 다른 것들은 절로 따라온다고 생각한다. 이 순진한 발상은 오래전부터 한국 사회를 지배하고 있다. 그렇기에 "~가 밥 먹여주냐?"는 말을 듣는 게 우리에게는 낯설지 않다. '잘 먹고 잘살아보자'는 박정희 정부 내내 국가의 공식 슬로건이나 다름없었다. 다른 가치들도 중요하

*─── '걸인의 철학'은 한국의 독특한 경제성장과 이 과정에서 형성된 한국인의 특징을 설명할 때 종종 사용된다. 문학평론가 백낙청은 『한반도식 통일, 현재진행형』(2006, 창비)에서(272p), 사회학자인 정수복 작가는 『한국인의 문화적 문법』(2007, 생각의나무)에서(110p) '걸인의 철학'으로 한국(혹은 한국인)을 설명한다. 나는 『진격의 대학교』에서 이 개념을 통해 취업사관학교가 된 한국 대학의 현실을 비판한 바 있다.

나는 태어나자마자 속기 시작했다

지만 '지금은 때가 아니라고' 했다. 그런데 먹고사는 문제가 어느 정도 해결되면 관심사가 더 넓어질까? 아니다. 먹고사는 것 다음은 '더' 잘 먹고 잘살겠다는. 욕망뿐이다.[86] 실제로 잘 먹고 잘살게 되는 것도 아니다. '걸인의 철학'이 국가적으로 장려된 결과, 일시적으로 살림살이가 나아진 것처럼 보였지만 위기가 찾아오자 기초가 부실한 경제 토대는 단번에 곤두박질치고 만다. 한국의 모든 좋은 지표들은 아래로 멈출 줄 모르고 내려가게 만들고, 나쁜 지표들은 파죽지세로 위로 향하게 했던 끔찍한 'IMF 외환위기'는 한국이 '어떤' 경제 철학을 추구했는지를 보여주는 엄청난 사건이었다. 유시민의 『나의 한국 현대사』에 등장하는 IMF 관련 내용을 정리해보자.

> 1990년대의 가파른 상승은 1997년에 갑자기 끝이 났다. 비행기는 추락할 것처럼 곤두박질해 비행고도가 단숨에 반 토막이 났다. (…) 노동시장 유연성 확보라는 명분으로 노동자를 대량 해고할 수 있는 길을 열었다. (…) 실업자 수가 순식간에 130만 명을 넘어섰다. 1998년 기업 도산의 회오리가 일었다. 나산, 현대, 극동, 거평, 한일 등 이름난 재벌 그룹들이 부도를 맞거나 대규모 구조조정에 들어갔다. 구조조정은 대량 해고와 같은 말이었다. 정부는 철도, 통신, 전력 등 국가 기간산업의 공기업을 민영화 또는 사유화하는 작업을 시작했다. (…) 금융산업도 퇴출과 인수합병의 해일에 휩쓸렸다. 대

동 · 동남 · 동화 · 경기 · 충청은행이 문을 닫았고 이 회사들의 주식
은 휴지조각이 되었다. (…) IMF의 표준 처방전은 심한 부작용을 야
기했다. (…) 정리해고제 도입과 비정규직 확대, 그리고 이른바 낙
수효과의 현저한 약화였다. 그 결과 중소기업과 자영업자들이 몰락
하고 노동자의 지위는 약화되었으며 소득격차가 확대되었다. 이것
을 가리키는 말이 양극화. (…) 대량실업의 공포가 노동시장을 뒤
덮자 노동조합은 더욱 약해졌고 실질임금은 하락했다. '공장 일을
내 일처럼 근로자를 가족처럼'이라는 산업화 시대의 구호는 완전히
자취를 감추었으며 평생고용이나 평생직장이라는 개념도 사라졌
다.[87]

한국은 맹목적으로 경제성장 패러다임을 고수하다 IMF 위기
를 맞이했다. 그런데 이 위기를 극복하는 방식은 '더' 맹목적이
었다. 경제를 단순히 성장의 기조에서만 보아서는 안 된다는 경
고 신호를 한국은 역시나 '걸인의 철학'의 방식으로 땜질했다. 일
단 기업부터 살아야 된다면서 노동자를 파편화시켰다. 비정규직
이 늘어났고 당연히 '워킹푸어'(근로빈곤층)라고 불리는 계층이
증가했다. 성실히 일하는 것이(勤勞) 부자까지는 아니더라도 빈
곤하지 않음을 보장해주던 시대조차 사라진 셈이다. 노동시장의
유연화를 법으로 보장하니 기업들은 움츠렸던 어깨를 펼 수 있
게 되었다. 전문가들은 지금은 노동자들이 '잠시' 힘들어도 기업

이 다시 제 위치를 찾으면 결국에는 사람들이 얻는 이익이 클 거라고 했다. 그 결과, IMF는 빠르게 극복했다. 하지만 일단 기업부터 살고 보면 된다는 '신(新)걸인의 철학'은 사라지지 않는다. 기업들은 어떻게든 자신들의 이윤을 늘리기 위해(그러면 나라 전체의 지표는 부유해진다) 젖 먹던 힘까지 짜내 아이디어를 낸다. 월급을 줄이기 위해 '시급제'로 급여를 계산하더니, 1분, 2분씩 '분단위'로 노동 단가를 계산하는 '분급'이란 초유의 급여체계를 만들기도 한다. 한 시인은 이 '분급'이란 단어를 "근래에 들어본 가장 끔찍한 단어"[88]라 표현했다. 그런데 이 끔찍함조차도 대기업의 서비스 수리를 담당하던 서른네 살의 노동자가 '분당 225원'으로 계산된 자신의 월급 45만 원을 비관하여 자살을 선택한 이후에야 세상의 관심을 받았을 정도다. 관심이 컸는지는 모르겠다. 대기업이 망하면 나라가 망한다면서 기업의 잘못에 면죄부를 주는 사람들은 여전히 많다.

열심히 살아도 가난한 한국인들

그렇게 경제, 경제를 입에 물고 살았는데 정말로 한국은 성장했을까? 다음의 지표는 한국의 성장이 반쪽짜리에 불과함을 증명한다. 첫째, 한국 사회는 '늙어서도' 일하는 비율이 높다. 65세 이상 고령자 고용률을 보면 남성이 39.6%, 여성이 21.4%인데 이는 OECD 회원국 평균인 남성 17.4%, 여성 8.5%에 비해 월등히 높은 수치다. 그래서 더 이상 일을 하지 않는 '유효 은퇴 연령'이 높을 수밖에 없다. 한국 남성의 경우 71.1세인데 이는 멕시코(72.3세)에 이어 OECD 회원국 중 2위다. 여성의 은퇴 연령도 69.8세로 칠레(70.4세)에 이어 2위다. OECD 평균 은퇴 연령이 남성은 64.2세, 여성은 63.1세이니 한국인들은 참으로 긴 세월을 일한다. 성실해서일까? 절대 아니다. 은퇴가 전혀 준비되어 있지 않았기 때문에 일을 그만둘 수가 없는 것이다. 그런데 은퇴 이후의 '비용'을 전적으로 개인이 마련할 수 있을까? 20세부터 40년 동안 일을 했다면 그 이후에는 어느 정도 안정된 삶이 보장되는 것이 상식적인 사회 아닐까.

나이가 들면 여러모로 생산성이 떨어지기 때문에 은퇴 이후의 삶은 은퇴 이전에 '사회적으로' 준비되어야 한다. 간략히 말해, 한국보다 '덜' 일하고 '빨리' 일을 그만두는 다른 나라들의 노인들이 '젊었을 때' 재테크를 잘해서 여유로운 여생을 보내는 것이 아니다. 그것은 사회적 합의로 국가가 관리해야 하는 영역이다. 성장만을 제일로 여겼던 한국은 '미래를 대비한' 사회 안전망을 체계적으로 갖추는 데 관심이 없었다. 연금 구조도 엉성하기 짝이 없고 '늙으면' 무시 못 할 의료비도 공익성이 낮다. 그러니 일을 그만둘 수가 없다.

나는 태어나자마자 속기 시작했다

둘째, 한국 사회는 '늙어서도' 일을 해야 함에도 불구하고 '노인 빈곤율'(66~75세)이 42.7%라는 어마어마한 수치로 OECD 회원국 중 압도적으로 1위다(2016년 기준). OECD 평균이 12~13%대이니 한국은 다른 나라들하고는 비교도 안 되는 수준인 셈이다[89] (76세 이상의 노인의 빈곤율은 60.2%다). 도대체 어쩌다가 이런 일이 발생했을까? 한국의 노인들은 착실하게 살지 않았다든지 등의 '빈곤할 만한' 어떤 원인이 있기라도 한 것일까? 지금의 노인들은 과거 '산업전사', '수출역군'으로 불렸던 사람들이다. 영화 〈국제시장〉에 나오는 덕수와 달구가 바로 이들이다. 이상하지 않은가. 경제를 이렇게 성장시켰다는데, 어떻게 그 성장의 주역들 절반이 파지를 줍기 위해 골목을 어슬렁거리고 있느냐는 말이다. 경제에 너무 집착한 나머지 경제 '외'적인 것을 죄다 부차적인 것으로 치부한 결과 아니겠는가.

노인 자살률도 최악의 수치다. 2013년 기준 65세 이상 자살률은 10만 명당 64.2명이다.[90] 당연히 OECD 회원국 중 1위다. 그나마 81.9명으로 최악을 기록했던 2010년 이후, 노인들 관련 복지 정책이 마련되면서 조금이나마 감소했지만 OECD 평균이 20명 내외인 점을 고려하면(2000년 22.5명, 2010년 20.9명) 여전히 최악의 상황이라 할 수 있다.[91] '한국인이 문화적으로 자살을 선호하는 경향 혹은 역사적으로 자살을 명예롭게 여기는 전통'[92]이 있는 것은 아닐 테니 여기에는 사회적 이유가 있을 것이다. 추론은 어렵지 않다. 늙어서도 일을 해야 하고, 일을 해도 '가난한' 사회이기 때문이다.

한국의 노인 자살률은 최근 20년 사이에 2배 이상 급증했다. '원래' 한국의 노인들은 자살을 많이 하는 게 아니라, '지금' 한국의 노인들이 '더' 자살할 가능성이 높은 상황이라는 뜻이다. 61세 이상을 기준으로 했던 1989년에는 노인 자살률이 10만 명당 27.0명이었다. 물론 높은 수치지만 지금에 비할 바는 아니다. 2000년에는 34.2명으로(이때부터는 65세 이상 기준) 증가했고 2000년대 중반부터는 60명을 넘어선 '독보적' 노인 자살 공화국이 되었다(물론 노인이 아니더라도 한국은 자살 공화국이다). '달라진' 자살률은 한국의 경제성장이 속빈 강정이었음을 잘 말해준다. 현재의 노인들이 한창 일하던 시기까지만 하더라도 한국 사회는 고성장 경제를 유지했다. 그때 저성장 시대를 전혀 대비하지 않았다. 사람이 일을 하지 못할 때 제대로 보호받을 수 있는 사회 안전망을 갖추는 데 소홀한 대가는 엄청났다. 일할 수 없는 사람이 노인이라면 자녀의 부양을 기대할 수 있지만 시대는 완전히 달라졌다. '소 팔아서 자식을 대학 보내면 와이셔츠 입고 넥타이 매고 출근하여 부모의 노후를 일정 정도 책임져주는 시대는 가버린 것이다.'[93] 그러니 경제활동을 '전성기만큼' 하지 못하는 노인들은 여러모로 사회적 취약 계층이 될 수밖에 없다. 경제만 성장하면 모든 게 이루어질 것처럼 믿었던 사회의 민낯이다.

나는 태어나자마자 속기 시작했다

기업소득은 오르는데 왜 가계소득은 떨어지는가

경제는 중요하다. 하지만 경제가 종교가 되면 오히려 경제적으로 힘들어하는 사람들이 많다. '성장'이 신성불가침 영역이 되어 '분배'라는 말만 나오면 '사회주의'를 연결시켜 "북한 따라 하자는 거냐?" 등의 괴이한 상상력이 등장하는 한국에서 실제 성장의 주역이었던 노인들이 찬밥 신세가 된 모습이 그러하다.

박정희와 관련된 논쟁만 봐도 한국 사회에서 경제가 종교임을 충분히 느낄 수 있다. 박정희 독재에 대한 반론은 늘 '그래도 경제가 발전했잖아'라는 논리뿐이다. 사람들이 탄압을 받았든 말든 경제성장이라는 공이 있으니 과만 따지지 말라는 거다. 재래식 화장실이 수세식으로 변하고, 버스 타던 사람이 승용차를 몰게 되었으니 '누군가의 죽음 정도'는 굳이 따지지 말잔 말인가? 재벌의 경영권 세습이 논란은 되지만 결국엔 자연스레 이루어지는 것도 한국인들의 심성(?) 덕분이다. '오너 일가의 문어발식 경영'을 아무리 비판해도 "재벌 덕택에 우리가 이 정도로 산다"는 식의 협박만이 난무한다. 그러니 재벌의 일터에서 일하던 젊은 노동자가 백혈병에 걸려 사망해도 기업은 업무와의 인과관계를 인정하고 쉽게 사과하지 않는다. 피해자는 산업재해로 승인받기까지 지난한 과정을 거친다. 재벌에 대한 비판을 "우리나라에 큰 공을 세운 기업의 작은 과를 문제 삼는, 고마움을 모르는 소인배의 소치"[94]라 보는 풍토가 있지 않고서는 불가능하지 않았을까?

기업에게 너무나 좋은 환경의 한국에서 기업과 가계의 소득 격차 확대가 OECD 회원국 평균에 비해 훨씬 빠르게 진행되고 있는 건 놀라운 일이 아니다. 1995년부터 2012년까지 18년 동안 국민총소득에서 가계소득이 차지하는 비중은 70.6%에서 62.3%로 8.3%포인트 하락했다. OECD 회원국의 가계소득 하락은 4.2%포인트다. 기업소득의 비중은 오르고 있다. 같은 기간, 한국의 국민총소득 중 기업소득의 비중은 16.6%에서 23.3%로 6.6%포인트 상승했다. OECD 평균 1.6%포인트에 비해 월등히 높은 수치다.[95] 정리하자면 한국의 경제성장은 기업이 벌어들이는 소득이 제대로 노동자들에게 분배되지 않은 상태에서 이루어졌다는 말이다. 경제를 강조하다 보니 경제가 발전은 했는데, 발전의 혜택은 일부만이 누리고 있는 셈이다.

그래서 한국의 노동자들은 일하다 죽어도 '부수적 피해' 정도로 취급을 받기에 일상적으로 죽을 가능성이 높다. 하루 평균 6명이 일하다가 죽는 한국.[96] 산재 사망률이 늘 1~3위권인 '산재 왕국' 한국은 "한 해 산업재해로 죽어가는 노동자가 미국이나 일본보다 3배가 많고 영국보다 15배가 많다."[97] 이런 차이가 발생하는 이유는 기업들이 안전에 투자하는 비용을 '낭비'로 생각하기 때문이다. 사고 예방을 위해 만반의 준비를 하는 비용보다 사고 때마다 얼마 안 되는 벌금을 납부하는 것이 효율적이니 당연하

　나는 태어나자마자 속기 시작했다

"대기업이 망하면 나라가 망한다?"

다. 지난 2008년 노동자 40명이 목숨을 잃은 이천의 창고 화재에 대해 해당 기업은 벌금 2000만 원의 처벌을 받았을 뿐이다. 노동자 4명이 질식사했던 대형마트 사고에 대한 벌금은 고작 100만 원이었다. 법이 알아서 기업을 도와주는 나라에서 기업 스스로 미리 안전 관리에 투자할 이유는 없다.[98]

자본주의라서 어쩔 수 없는 게 아니다. 영국에서는 노동자가 사망할 경우, 기업주와 감독관을 과실치사 혐의로 처벌할 수 있는 '기업과실치사 및 기업살인법'(Corporate Manslaughter and Corporate Homicide Act)이 적용된다. 안전에 대한 부주의한 관리를 '과실치사'로 본다는 뜻이다. 유죄가 확정되면 사업주 이름과 범죄 사실을 언론에 공표한다. 벌금도 '회사 경영에 영향을 주기에 충분한' 수준으로 결정된다. 지난 2011년 시험 광구에서 샘플을 채취하던 노동자 '한 명'이 웅덩이에 빠져 죽었는데 7억 원의 벌금을 부과한 바도 있다. 이런 법들이 여러 나라에 있다. '같은' 자본주의라도 경제를 '어떻게' 이해하고 있느냐에 따라서 그 내실은 완전히 다른 셈이다. 캐나다에는 산재 사고 시 기업과 경영진에게 형사책임을 묻는 법률이 2003년에 마련되었고 독일의 '산업안전보건법'은 주로 하청업체에 의해 관리되는 안전시설에 문제가 발생했을 때 원청회사에 책임을 물을 수 있도록 명시하고 있다.[99] 경제가 아무리 중요한들 그것이 사람의 가치를 훼손할 수 없다는 분위기가 있기에 가능한 제도다. 물론 우리는 그 반대

나는 태어나자마자 속기 시작했다

이다.

경제지상주의가 가져온 최악의 결과, 세월호 사건

세월호 사건에서도 공공선을 외면한 경제 제일 패러다임의 문제를 발견할 수 있다. 세월호는 규정을 지키지 않고 화물을 과적했다. 최대 적재량이 1077톤인데 실제 2142톤이 적재되었다. 그리고 화물을 제대로 고박하지도 않았다. 자동차는 88대가 최대치인데 세월호에는 124대가, 그것도 엉성하게 바퀴에 고임목만 끼워둔 채로 실렸다. 그러니 운항 과실로 배가 휘청거릴 때 화물과 차량이 한쪽으로 몰리면서 안 그래도 약한 복원력을 완전히 잃은 것이다.[100]

과적만이 문제가 아니었다. 수명이 다 된 중고 선박을 구입하여 객실을 증축하여 당초 600명이었던 승선 규모를 900명으로 늘릴 때부터 안전은 뒷전이었다. '청해진해운'의 2013년 감사보고서를 보면 광고비 2억 3000만 원, 접대비 6060만 원, 경영 자문료로 6000만 원을 지출했는데, 선원안전교육비는 1인당 4000원꼴인 54만 1000원에 불과했다. 배에 탔던 15명의 직원 중 비정규직은 9명이다.[101] 이런 사실을 보고 우리기 던져야 할 질문은 '어쩌다가 이런 사회가 되었을까?'가 마땅하다. 하지만 세월호 사건에 국민들이 공분하면서 정부와 여당에게 불리한 형국이 만들어지자 보수 언론은 마법의 단어를 꺼내든다.

> 숙연한 분위기가 온 나라에 감돌면서 일반 국민들도 각종 행사와 연회를 취소하고, 관광과 외식마저 중단하고 있다. (…) 문제는 이런 자제 분위기가 지나쳐 일상적인 소비 지출과 통상적인 활동마저 위축시키고 있다는 점이다. (…) 세월호 침몰과 함께 내수 전체가 가라앉고 있는 것이다. 더욱 심각한 것은 이러한 내수 침체가 겨우 살아나기 시작했던 경기회복의 발목을 잡는 것은 물론 영세상인과 골목상권에 치명타가 되고 있다는 점이다. (…) 국가적인 재난의 충격과 슬픔이 서민경제를 나락으로 밀어넣고 있는 것이다. (…) 세월호 침몰이 비통하다고 해서 서민경제를 가라앉히고 대한민국 경제까지 좌초시킬 수는 없지 않겠는가.[102]

대통령은 한술 더 뜬다. 세월호 사건의 유가족들이 '수사권이 포함된' 특별법 제정을 요구하면서 대통령 면담을 요구하자 박근혜 대통령은 '경제'라는 마법의 단어를 사용하여 국면을 전환한다. 그 시기 대통령은 국회 연설을 하면서 '지금 우리 경제는 여전히 위기'라며 국정 운영의 최우선 목표로 '경제 살리기'를 제시한다. 대통령은 "지금이야말로 우리 경제가 도약하느냐, 정체하느냐의 갈림길에 있다며 지금이 경제를 다시 세울 수 있는

나는 태어나자마자 속기 시작했다

마지막 '골든타임'임"을 강조하면서 세월호에 관한 언급은 한마디도 하지 않았다.[103] 유가족들을 '경제 발전을 해야 하는 시기에 발목을 잡는' 암적인 존재로 규정한 셈이다. 성장만을 믿었다가 어떤 꼴이 났는지 눈앞에서 보고도 여전히 성찰하지 못하는 모습이 놀랍지만 그 이후 실제로 '세월호 피로도'라는 말이 대중들 사이에 부유했던 것을 보면 단지 정치인 개인을 탓할 일은 아닌 것으로 보인다.

경제에 관한 맹신이 만들어낸 피해 사례를 언급하면 '너무 편파적'이라 하는 사람이 한국 사회에는 많다. 이들은 '불법 해고'라 할지라도 기업 입장에서 이해하려고 하고 '헌법이 보장하는 파업'은 경제를 해치는 부당한 행동이라고 한다. 해고 노동자들이 시위를 하다가 도로로 한걸음만 들어오면 '불법 파업이기 때문에 엄격한 처벌을 해야 함'을 강조한다.[104] 물론 경제는 중요하다. 사회가 유지되기 위해서는 경제가 제대로 기능을 발휘해야 한다. 하지만 경제가 공공선이라는 사회적 가치를 초월해서 존재할 순 없다. 안타깝게도 우리 사회에서 경제는 만고의 진리다.

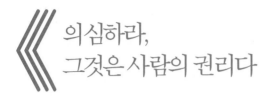

의심하라,
그것은 사람의 권리다

동일한 와인을 다른 잔에 따른 후, 하나는 만 원짜리라 하고, 다른 하나는 100만 원짜리라 했을 때 사람들의 반응은 놀랍다. '같은 맛'일 터인데, 100만 원짜리 와인이 더 괜찮다고 한다. 왜 그럴까? '고가'가 '고급'의 이미지로 포장되었기 때문이다. 이런 사회에는 '비싼 것은 다 이유가 있다'는 식의 이상한 논리가 부유한다. 미각이 혀에서 느껴지는 것이 아니라 '가격표'를 보고 반응한다. 아니, 가격표가 원래의 미각을 부정해버린다. 어찌 보면 동물들은 절대 흉내조차 낼 수 없는 '인간만의' 능력이다. 책 한 권살 돈은 없어도 명품 가방이니 고급차 등을 '필요하다면서' 구입한다. 인간의 상상력이 없었다면 불가능한 소비 아니겠는가.

불성실은 가난의 원인이 아니라 결과다

'이미지'를 의심해야 하는 이유는 단지 '합리적 소비'를 하기 위해서만이 아니다. 누군가에게 씻지 못할 상처를 주면서 살아가는 걸 예방하기 위해서라도 내게 친숙한 이미지를 깨부숴야 한다. 가난한 사람을 보면서 '노력하지 않은 사람'이라고 생각하는 사람들이 많다. 많은 이들이 온갖 사례를 언급하며 자신의 추론이 타당하다고 할 것이다. 하지만 그 사례들은 주로 가난이 지속되는 상황에서 나타난 결과이지 가난의 원인이 아니다. 가난이 오해받을 만한 개별 특성을 야기한 것이지 인생을 엉망으로 살았기 때문에 가난해진 것은 아니라는 말이다. 가난해서 양질의 교육을 받지 못했고 그래서 안정적인 일자리를 얻지 못해서 '남들 다 일할 때' 아무것도 하지 않고 있을 뿐이다. 이를 고려하지 않고 단면의 모습만을 '끊어서' 평가해버리면 인과관계를 착각해 차별할 만한 이유를 찾게 된다. 영국의 작가 오언 존스(Owen Jones)는 『차브: 영국식 잉여 유발사건』에서 가난한 사람에 대한 그릇된 이미지를 설명한다. '차브'(Chavs)는 영국에서 '노동계급을 가리키는 모욕적인 언어'다. 2005년 정도에 등장한 이 단어는 처음에는 '캐주얼 스포츠 복장을 한 젊은 노동계급' 정도를 의미했는데 이후 폭력, 게으름, 청소년 임신, 인종주의, 주정 같은 노동계급의 부정적인 특징과 연결되면서 '무식쟁이 하층계급'이라는 뜻이자, '노동계급 사회의 전형'을 의미한다. 문제는 중산 층이 '차브'라는 단어를 일상적으로 서슴없이 사용하는 걸 부끄 러워하지 않고 있고 그런 용어의 사용을 비판하면 "그럴 만하니 그렇죠"라면서 예외 없이 '그릇된 인과관계'를 보여준다는 것이 다.[105] 능력별 차등적 보상을 중요시 여기는 자본주의 사회에서 는 이러한 오해들이 난무하다. 기득권의 입장에서는 '모두가 공 정하게 경쟁을 했는데' 네가 '불성실하여' 가난한 것을 왜 사회 탓으로 돌리느냐는 '프레이밍'이 필요하기 때문이다.

'열심히 해도 성공할 수 없는 사회'를 긍정하라?

1981년부터 1989년까지 미국의 대통령이었던 '로널드 레이건' (Ronald Reagan)은 1976년 공화당 당내 대통령 경선에서 '복 지 여왕'(welfare Queen)이란 허구의 인물을 등장시킨 바 있다. 한 흑인 여성이 여러 명의 이름을 사용하면서 '연금' 등의 각 종 복지 혜택을 싹쓸이해 캐딜락 자동차를 몰고 다닌다는 거였 다. 거짓 선전이었지만 효과는 만점이었다. 사람들은 이 '이미지' 를 기억하고 가난한 사람들의 사소한 행동을 확대해석하여 이 들 집단 전체의 모습인 양 일반화한다. '공갈꾼'을 뜻하는 무처 (moocher), '받아먹기만 하는 사람'을 뜻하는 테이커(taker) 등의 단어가 마찬가지의 맥락에서 거침없이 사용되는 이유도 이와 무관치 않다. 한국에서는 지난 2015년, 여당 대표가 "복지가 많으면 나태해진다"는 발언을 했다. 복지 지출 확대를 요구하는 사람들을 지금껏 얼마나 악질적으로 바라보고 있는지를 단적으로 드러낸다. 사람들은 고정관념에 사로잡힌 정치인의 발언들을 또 '근거' 삼아 자신이 생각하는 애초의 고정관념을 진실로 받아들인다.

정신 바짝 차리고 살지 않으면 당신은 누군가를 차별하는 분위기를 만들어내는 여론의 생산자 혹은 동조자가 될 수밖에 없다. 쉽지는 않다. 율리우스 카이사르(Julius Caesar)가 남긴 "인간은 대개 자신이 믿고 싶은 대로 믿는다"라는 명언처럼 사람들은 대개 '주어진 환경'을 있는 그대로 받아들이고 익숙한 대로만 생각한다. 비판적으로 살아간다는 것은 '오늘날의 한국'에서 더욱 낯설다. 한국은 '비판'과 '비난'을 동의어로 착각한다. 비판은 '합리적 의심'이지만, 많은 이들이 이를 '반대를 위한 반대'와 같은 '나쁜' 이미지로 이해한다. 게다가 한국 사회의 '과잉 긍정주의'는 이를 부추긴다. '과잉 긍정주의'란 객관적으로 잘못된 것을 문제 삼는 걸 '문제'라 여기는 인식이라 할 수 있다. 예를 들어, 고질적인 사회문제를 언급하면 "왜 꼭 부정적으로만 보느냐?"는 식의 현문우답이 대표적이다. 낙관적인 태도가 경우에 따라 필요하겠지만, 어떤 문제라도 '낙관'이 해결해줄 것이라는 생각은 '인지적 나태'일 뿐이다.[106] 김준형 교수는 『언어의 배반』에서 우리가 왜 '긍정적 사고주의'를 경계해야 하는지를 상세히 말한다.

긍정적 사고주의가 사회 규범화될 경우에는 그것이 기존 질서의 불편한 진실들을 은폐하는 도구가 될 가능성이 높습니다. 예를 들면 불평등, 빈곤, 폭력, 불공정 같은 것들은 사회나 국가의 책임인 경우가 많은데도 개인 스스로의 마음가짐의 차원으로 축소해버리는 것입니다. 자기 최면과 자기 억제를 강요하여 악에 대한 공분과 비판의식을 원천적으로 봉쇄합니다. 사실 긍정의 이데올로기가 가장 위세를 떨치는 곳 또는 긍정주의를 가장 적극적으로 유포하는 사람들은 결코 어렵거나 절망스런 상황에 처한 사람들이 아닙니다. 대기업들, 자기계발서의 베스트셀러 작가들, 초대형 교회 목사들, 암 환자들에게 긍정적 사고를 전파해서 떼부자가 된 일부 의사들입니다. 역설이지요! 긍정의 이데올로기가 성공의 열쇠라고 힘주어 말하는 사람들은 이미 성공한 사람들이며, 그들은 긍정주의를 이용해 강의료나 인세로 막대한 이득을 챙기고 지명도를 높이고 있습니다. 긍정의 이데올로기에는 실패 사례가 낄 자리가 없습니다.[107]

나는 태어나자마자 속기 시작했다

한국의 행복 지수, 118위

객관적으로 '잘못된 경우'를 긍정하는 것이야말로 '부정적인 사고' 아닐까. 그럼에도 이를 강요하는 것은 '주술'을 믿으라는 것과 같다. 그런데 사회가 모순적일수록 이런 긍정적 사고의 강요가 범람한다. 그래야지만 "숱한 좌절에도 불구하고 계속해서 사회의 톱니바퀴 노릇을 할 것이기 때문이다".[108] "권력을 장악한 사람은 자기의 생각이 모세혈관을 타고 사회 구석구석까지 퍼져 나가기를 바"라는데,[109] 이때 '긍정'이란 단어가 아주 효과적이다. 잘못된 것을 잘못되었다고 하면 '잘못된 생각'이라고 면박을 주는 곳에서는 '비판 문화'가 자리 잡을 수 없다. 한국에서 비판적인 태도를 보이게 되면, "사회생활 어떻게 하려고 그래?"라는 충고를 들어야 하고 '까칠한 사람'으로 취급받는다. 그래서 모든 문제를 별거 아닌 것처럼 취급해야지 '쿨한 성격'으로 인정받는다.[110] 이는 '사회 탓하지 말고 열심히 노력해라'는 분위기로 이어지고 궁극적으로 '열심히 노력해도 성공할 수 없는 사회, 그럼에도 아무도 사회에 책임을 묻지 않는 사회'를 완성한다. 그 결과를 증명하는 재미난 설문조사가 있다. 지난 2015년 3월 20일 UN이 정한 '세계 행복의 날'을 맞이하여 여러 나라에 지사를 두고 있는 리서치 회사 갤럽이 143개국의 국민들을 대상으로 '긍정경험지수'를 조사한 바가 있었다. "어제 편히 쉬셨어요?", "어제 즐거운 일은 많았나요?"라는 지극히 단순한 질문에 대한 답을 기록하는 것이었다. 언제나 '닥치고 긍정!'을 강조하는 한국 사회는 이 순위가 118위였다. 객관적으로 편하게 쉬지 못하는데, 즐거운 일을 찾을 자투리 시간마저 허락이 안 되는 자신의 삶을 애써 부정하면서 '난 행복하다!'고 상상하는 건 자기계발서를 읽는 당일만 가능한 일이다. 잔혹한 현실이 생각만으로도 잔혹하지 않은 현실로 바뀔 수 있다면 그것을 '잔혹'하다고 할 수 있을까.

당신은 집단 사고의 함정에 빠져 있지 않은가

많은 이들이 '비판적인 사고'가 필요하다고는 생각하지만 현실의 냉정함을 무시할 수 없다고 말한다. 어쩔 수 없는 현실에서 우리에겐 어떤 마음가짐이 필요할까? 대단한 철학을 생각하지 말자. '비판적으로 살아가는 것', 이는 인간 본연의 모습이자 자격이다. 인간은 유전자적으로 동물과 큰 차이가 없지만 동물에게는 발견할 수 없는 '이성'을 지녔다. 이성은 언어를 단지 소통의 수준에 머물게 하지 않는다. 사색과 추론으로 타인의 고통에 공감하는 능력을 배양한다. 그 결과 인간만이 '공동체의 삶'을 개선하기 위해 본능을 억제한다. 본능, 즉 주어진 그대로만 생각하지 않았기에 인류는 "시행착오를 줄이며 생물학적 진화와는 비교되지 않는 엄청난 속도로 사회적 진화를"[111] 할 수 있었다. 사회학자 김찬호는 『사회를 보는 논리』에서 다음과 같이 인간의 특징을 설명한다.

인간이 다른 동물과 구별되는 점 가운데 중요한 한 가지는 지적인 호기심이 매우 강렬하다는 것이다. 사람은 자기의 생존과 아무런 관련이 없는데도 끊임없이 뭔가를 새롭게 알고 싶어 한다. (…) 인간은 주어진 것에 대해 의문을 던지고 그것을 넘어서려는 시도 속에서 문화를 발전시켜온 것이다. 질문할 수 있는 능력! 바로 이것이 인간 진화의 비결이다. (…) 질문을 던진다는 것은 삶과 사물의 이치를 되묻는 작업만이 아니다. 이미 누군가에 의해서 제기되고 내게 던져진 질문 그 자체에 대해 질문을 던지는 단계로도 나아가야 한다. 오답도 문제지만 오문(誤問), 즉 잘못 던져진 질문도 그에 못지않게 심각한 문제이기 때문이다. 타인이 내게 던진 질문에 대해 과연 그것이 정당하고 필요한 질문일까 하고 물음표를 달아보는 태도가 요구된다. 그런데 거기에서 그치지 않는다. 사실 타인으로부터 일방적으로 주어진 질문도 우리를 구속하지만, 스스로 던진 질문 가운데도 잘못 던져진 것이 얼마나 많은가. (…) 질문 자체에 질문할 수 있는 힘, 그 지적인 에너지로 우리는 생각과 삶의 자유를 확장할 수 있다.[112]

즉 인류의 역사는 '의심'의 연속이다. '불'이란 걸 이해해보자. 모든 동물들은 예전이나 지금이나 '불'을 무서워하고 피한다. 본능에 충실한 반응이다. 하지만 인간은 이를 영리하게 사용했다. 직접적 위협을 예방하여 응용하니 '불'은 무궁무진한 효용이 있었다. 음식을 '가열'해 먹으면서 더 건강해졌고, 수명이 연장되니 '미래를 위해서 현실을 희생하는' 것이 자연스러워졌다. '노력'을 인간만이 하는 이유다. 인간은 '불'을 적의 위협을 막아내는 도구이자 공부를 위해 어두운 밤을 밝히는 빛으로 응용했다. 때론 캠프파이어를 하면서 서로 간의 갈등을 씻기도 하고 '촛불시위' 때는 강력한 사회적 저항의 무기로 활용하여 기존의 그릇된 정치제도를 타파하기도 한다. 이렇듯 '평등권 확보'라는 인류의 역사에서 '불'은 지대한 공헌을 하고 있다. 그런 '불'을 거대한 사회적 고정관념이라고 생각해보자. 인간은 그 고정관념을 합리적으로 의심하고 경우에 따라서는 '깨부수면서' 살아온 것이다. 그래서 인간을 "신이 정해준 운명에 도전하는 것을 미덕으로 여기며 살아온 유일한 동물"[113]이라 한다. 인간의 삶에 갈등과 긴장이 존재하는 건 당연하다. 이 '성장통'을 바탕으로 인류는 전진한다.[114]

확신을 경계할 수 있을 때 비로소 인간이다. 그렇지 않다면 당신은 언제나 '집단 사고'(group thinking)의 함정에 빠질 수 있음을 명심하길 바란다. '집단 사고'는 미국의 심리학자 어빙 재니

나는 태어나자마자 속기 시작했다

스(Irving Janis)의 개념이다. 재니스는 미국의 케네디 정부가 쿠바의 피그만을 무력 침공했다가 혼쭐난 사건을 통해 '아무리 지성들이 고민을 한다고 하더라도' 결속력이 지나치게 강해 자만에 빠진 집단의 결정은 '멍청할 수 있다고' 지적한다. 자유민주주의를 최고의 가치로 여기는 미국은 자신의 영토 바로 앞에서 사회주의 깃발을 보란 듯이 꽂고 있던 쿠바가 눈엣가시였다. 인기가 하늘을 찌르던 '케네디 정부'는 쿠바를 무력으로 제압할 수 있다고 생각했다. 백악관 회의실에 미국에서 제일 똑똑하다는 사람들이 모여서 논의를 했고 만장일치로 '피그만 침공'을 실행에 옮긴다. 이들은 '우리처럼 잘나가는 집단'에서 오류를 범할 리 없다는 '극단적 낙관주의'에 사로잡혀 있었다. 계획은 완벽하게 실패한다(1961). 미국은 쿠바에서 망명한 이들 중심으로 게릴라군을 만들어 쿠바 피그만 지역으로 침투하려고 했는데 작전에 참가한 1400명 중 1200여 명이 '생포'되어 미국 정부는 이들을 돌려받기 위해 쿠바에 5300만 달러 수준의 물자를 제공해야 했다. 실패는 예정된 것이었다. 미국이 쿠바 망명자를 내세워 작전을 짠 것은 만약 문제가 될 때, '미국이 개입하지 않았다'는 빌미를 만들기 위해서였다. 그걸 무려! 1400명이 눈치채지 못했을까? 과테말라에서 훈련을 받은 이들은 시작부터 불안해했다. '왜 미국인들은 여기에 없는 거지?'라고 지극히 합리적인 의심을 했고 이것은 '잘못되면 우리를 모른 척하는 것 아닐까?'라는 생각으로 발전했다. 작전 초기 대다수가 즉시 '항복'을 선택한 것은 바로 이 때문이었다. 또 미국은 자신들이 강대국이라는 사실에 심취하여 쿠바를 지나치게 무시했다. 엄연한 국가의 틀을 갖춘 나라에 비(非)정예요원을 투입해 정부를 전복시킨다는 건 순진한 발상이었다. 고작 1400명으로 한 나라를 바꿔버리겠다는 이상한 확신은 '한 명의 독단'에서 비롯된 것이 아니다. 민주주의 국가답게 케네디 정부는 열심히 토론을 했다. 그러나 '결속력이 너무나 강한 것'이 문제였다. 정당하게 비판하면 "우리가 과연 실수할 것 같아?"라는 반론에 막히고 합리적 의심을 하면 "너 겁쟁이구나?"라는 조롱의 말을 들어야 한다면 과연 누가 솔직하게 옳은 말을 할 수 있을까. '집단 사고'는 '집단 지성'(collective intelligence)과 비교되는데, 후자는 다수의 의견이 '모여' 더 지혜로운 결과물이 창출된다는 뜻이다. 하지만 집단이 모였다고 '지성'이 보장되는 것은 아니다. '아무리 똑똑한 사람들이' 이야기를 나누어도 그 집단이 추구하는 목적과 절차의 철학이 어떤가에 따라 결과는 최악일 수 있다.

당신이 한국인이라면 집단 사고에 빠질 가능성은 더 높다. 결속력이 높을수록 집단 사고에 빠질 가능성이 높은데, 한국 사회에서 결속력은 지나치게 신성한 이미지로 포장되어 있기 때문이다. 조직의 치부를 드러내는 '내부 고발자'를 '고자질쟁이' 정도로 취급하는 경우가 한국에 많은 건 결속력에 대한 의미 부여가

지나치다는 증거다. 전체를 위해 개인의 권리를 희생하는 것이 미덕이 되면 '개인의 당연한 요구'는 '이기주의'가 돼버린다. 결국 집단의 가치 안에 논리와 상식은 퇴색한다.

비판의 촉이 거세된 사회에서 사람들은 언제나 먹고사는 문제에만 몰두한다. 비판이 없으니 문제는 해결되지 않는다. 비판은 '때'가 없다. 목격하고 인지하는 순간이 '때'다. 비판하는 사람이 따로 있는 것도 아니다. 비판적 사고는 '이성'에 충실한 인간의 자격이자, 더 나아가 자신이 동물과 다른 인간임을 드러내는 방식이다. "오늘의 지혜가 내일의 어리석음이 되는 일은 비일비재"[115]하니까 언제나 당신의 믿음을 의심하길 바란다(Suspend Your Belief!). "인류가 성인이라 칭하는 이들의 공통점은 기성 체제에 순응하지 않은 혁명성"[116]이었음을 기억하자.

5장

가장 객관적이면서 가장 객관적이지 않은 통계 수치들

세 가지 종류가 있다. 거짓말, 새빨간 거짓말, 그리고 통계.

벤저민 디즈레일리(Benjamin Disraeli)의 말이라며
마크 트웨인(Mark Twain)이 인용했지만 확인된 바 없음.[117]

숫자만 모은다고 '민의'가 대표되는 것은 아니며, 그것만으로는
사람들이 납득하지 않음이 명백하다.

오구마 에이지(小態英二)[118]

숫자와 사회

숫자 안에는 사회가 숨 쉬고 있다. 차량 1만 대당 교통사고 사망자 수를 살펴보면 도시보다 시골의 수치가 높다(전국 평균이 0.93명인데 서울은 0.58명, 전남 1.74명, 충남 1.46명). 시골 사람들이 기질적으로 과속과 신호 위반을 좋아하는 것일까? 물론 아니다. 이는 차량 밀집률과 깊은 관련이 있다. 서울 도심 한복판에서 접촉 사고는 빈번하지만 '엄청난 충돌'은 드물다. 마음대로 속도를 내는게 물리적으로 불가능하기 때문이다. 하지만 시골은 차량이 적으니 과속이 잦다. 게다가 인구수가 워낙 적으니 단속 인원도 많지 않다. 일탈의 경계선을 억제하지 못할 가능성이 높을 수밖에 없다. 고령자 변수도 중요하다. 고령 운전자가 증가했으니 사고 피해자가 고령일 경우 '동일한 사고'라도 사망에 이를 가능성은 높다. 시골은 고령 인구 비율이 높다.[119] 응급 환자가 이송되고 치료 및 관리되는 수준의 차이도 무시할 수 없다. 4~5km 거리마다 큰 병원이 하나씩 있는 서울과 차로 몇 십 분은 달려가야 의사를 만날 수 있는 시골에서는 동일한 사고가 나도 사망자가 나올 확률은 천지 차이다.

커피 전문점의 증가 뒤에 숨겨진 사회 현상

사회적 맥락 없이 통계 수치를 이해해선 안 된다. 2305개(2007)→5297개(2009)→1만 2381개(2011)→1만 8000개(2013). 이 수치를 보면 뭔가가 몇 년 사이에 큰 폭으로 상승했음을 알 수 있다. 이것은 한국의 커피 전문점 매장수다(한국기업콘텐츠 진흥원 통계). 한 집 건너 하나씩 있는 게 커피 가게라는 말이 빈말이 아니다. 여기에 '베이커리'로 분류된 수천 개의 상점에서도 사실상 커피를 마실 수 있으니 한국에서 '아메리카노'는 '식혜'보다 더 친근한 말일지도 모른다. 그런데 이 수치 그래프를 보고 '과거에 비해 커피를 좋아하는 사람들이 늘어났다'고만 해석하면 안 된다. 뭔가가 불과 몇 년 사이에 '갑작스럽게' 증가했다면 좀 더 신중하게 해석할 줄 알아야 한다. 커피 전문점의 증가는 사실 '자영업자의 증가'와 같은 말이다. 자영업자가 증가할 요인이 없었다면 한국 사람들이 지금처럼 과도하게 커피를 좋아했을까? '커피 전문점 창업'이 우후죽순 증가하여 기존의 공간을 대체하면 사람들은 별수 없이 커피 전문점을 이용할 수밖에 없고, 그러다 보면 커피를 마시는 습관이 생길 수밖에 없다.

한국에는 왜 자영업자들이 많을까? 이는 일반적인 '임금노동'의 형태가 매우 불안정하기에 나타나는 현상이다. 불안정하다는 것에는 여러 측면이 있다. 우선, 진입장벽 자체가 너무나 높다. 또 진입을 하더라도 언제까지나 안정적으로 일할 수 있는 것도 아니다. 정년이 짧고, 그 짧은 정년도 보장받지 못한다. 수많은 사람이 명예퇴직, 권고사직을 당한다. 아울러, 성과 위주로 운영되는 피 말리는 경쟁에 지치는 사람들도 많고 여전히 학연, 지연에 얽매여 있는 비상식적인 조직 문화에 반감을 일으키는 사람도 많다. 그 결과 한국 사회에서 자영업자는 565만 명에 이른다(2014년 기준). 경제활동 인구의 22%에 해당하는 수치다. 미국(6.5%), 일본(8.8%), 독일(10.7%), 영국(14.2%) 등에 비해(2013년 기준) 상당히 높은 편이며, OECD 회원 34개국의 평균은 14.9% 수준이다.[120] 그렇다면 그들은 왜 '커피 전문점'을 선택했을까? 그것은 타 업종에 비해 창업 비용과 운영 비용이 나름 저렴하기 때문이다.

먹고살기 위해 커피 전문점을 창업하는 사람이 많아지자 자판기 커피와 봉지 커피만이 익숙했던 사람들이 '아메리카노', '라떼', '카푸치노', '에스프레소'라는 말들에 익숙해진다. 자주 마시다 보니 정말로 좋아하게 된다. 출근하기 전에 꼭 한잔을 사서 '마시면서' 길을 건너야 하고, 점심 후에 커피 한잔을 하지 않으면 허전한 감정을 느낀다.

자영업자가 많다는 것은 실패하는 사람도 많다는 뜻이다. 커피 전문점의 3년 생존율은 47.4%에 불과하다(2014년 기준).[121] 폐업을 하면 또 다른 자영업자가 커피 가게를 차린다. 임금노동이 불안정한 한국 사회에는 늘 창업을 하려는 사람들로 북적이기 때문이다. '수치의 증가'이면에 있는 진짜 사회의 모습을 알게 되면 길거리에 있는 수많은 커피 전문점들을 보면서 씁쓸해질 수밖에 없다.

물론, '커피' 대신에 '치킨'을 대입해도, '편의점'을 대입해도 마찬가지다(참고로 우리나라의 치킨 매장은 맥도날드 '전 세계' 매장 수보다 많다).

서비스 1위라는 수치 뒤에 가려진 비정규직의 눈물

통계 수치의 사회적 맥락을 강조하는 또 다른 이유는 숫자가 본질을 흐리는 경우를 경계하기 위해서다. 예를 들어 인천국제공

나는 태어나자마자 속기 시작했다

항이 각종 평가에서 '1위'로 선정된 사실을 잘 들여다보자. 인천 공항은 공항서비스 평가에서 10년 연속 세계 1위다. 공항을 이용한 사람들 중에는 '그럴 만하다'는 평가를 하기도 하고 누구는 1위라서 뿌듯함을 느끼기도 한다. 하지만 그 '1'이라는 숫자가 어떤 과정을 거쳐 '1'이 되었는가를 살펴봐야 한다. 문재인 대통령이 취임 후 비정규직 노동자의 정규직화라는 공약을 실천한다는 의지를 상징적으로 보여주기 위해 인천공항을 찾은 이유가 무엇일까? 인천국제공항은 전체 7220명 직원 중 무려 6180명이 비정규직이다(2014년 2분기 기준). 아무리 비정규직이 많다는 한국이라지만, 85.6%라는 비율은 실로 엄청난 수치다. 정규직이 성과급 2100만 원을 받을 때, 수천 명의 비정규직은 달랑 '치킨 무료 쿠폰'을 받는다. 비정규직이 많은 이유는 공항이 관련 서비스(보안, 소방, 시설운영, 주차 등) 전반을 42곳의 외주업체와 하청 계약 형태로 운영하기 때문이다. 인천공항에서 근무하는 직원의 85%를 차지하는 비정규직 6180명 중 99.5%인 6149명이 이런 고용 형태다.[122] 철저히 '을'이기에 이들은 친절한 미소를 잃어선 안 된다. '갑'의 위치에 있는 공항 측은 고객의 아주 사소한 불만이라도 접수되면 '직원 관리 못하면 다음에 재계약이 어렵다'는 식으로 위탁업체 '을'을 협박한다. 또 '을'은 자신들이 고용한 노동자 '병'에게 똑바로 일하지 않으면 해고할 거라고 윽박지른다. 그러니 모두가 친절하고 이곳을 이용하는 모두가 편안함을 느낀다. '서비스 1위'의 이면이다. 진실을 알게 된다면 부끄러워서 말도 못할 '1'이라는 숫자다.

경제성장만 하면 독재도 본받아야 할까

숫자에 환호하는 정서는 싱가포르의 전 총리 리콴유(Lee Kuan Yew)를 맹목적으로 치켜세우는 사람들을 만들어낸다. 한국에서 싱가포르는 1인당 국민소득이 5만 6113달러로 세계 8위, 아시아 1위인 나라로 자주 언급된다. 특히 한국인들이 종교처럼 받드는 경제 수치가 좋으니 비판적 시선은 찾기 힘들다(한국의 1인당 국민소득은 2만 8000달러이고 세계 29위다). 리콴유가 사망하자 박근혜 대통령은 직접 조문을 갔고 언론에서는 그가 오늘날의 부유한 싱가포르를 만든 장본인이라고 보도한다. 〈조선일보〉의 사설 "이 시대 대한민국이 리콴유를 더 추모할 수밖에 없는 이유"를 보자.

> 반세기가 넘는 그의 리더십 아래서 싱가포르는 1인당 국민소득이 작년에는 5만 6000달러로 불어났다. 가난한 어촌을 아시아에서 일본을 뛰어넘는 부유한 강소국(强小國)으로 탈바꿈시킨 것이다. (⋯) 리콴유는 '국가 발전에는 민주주의보다 규율(規律)이 필요하다'는

통치 철학에 따라 반(反)부패 정책과 법치(法治)를 철저히 고수했다. 독립 초기부터 공직비리조사국을 설치해 싱가포르를 세계에서 가장 청렴한 나라로 만들었다. 본인과 가족도 예외를 두지 않았고 누구보다 공직자의 부패 척결에 혼신의 힘을 쏟았다. 공중도덕을 비롯, 위생, 교육, 언어생활 등 시민 생활 구석구석에 이르기까지 국가가 관리하는 시스템을 유지했다. (⋯) 리 전 총리는 박정희 전 대통령이나 덩샤오핑처럼 개발독재 시대를 상징하는 20세기의 아시아 지도자다. 경제 부흥의 공(功)이 뚜렷하지만 집회·결사·언론의 자유 등 국민의 기본권을 제한했다. 그럼에도 미래를 내다보는 통찰력과 외부 비판에 흔들리지 않고 국가적 과제를 밀고 나가는 추진력, 끊임없는 혁신과 실용의 리더십은 높은 평가를 받을 수밖에 없다. 지금 한국 경제는 저성장의 벽에 부딪힌 데다 사회적 갈등이 끊이지 않고 있다. (⋯) 이런 답답한 국면을 돌파하기를 갈망하며 국민이 간절히 기다리고 있는 것이 바로 리콴유의 장점(長点)을 갖춘 지도자가 아니겠는가.[123]

한 줄로 요약하자면 '어찌 됐든 경제성장을 했으니 본받자'다. 단지 한 언론사의 논조라기보다 한국이란 사회에서 '경제성장 수치가 높다'는 것을 어떻게 이해하는지를 반문케 한다. 한국은 싱가포르의 정보 기술 분야 세계 2위, 사업편의 지수 세계 1위, 국제경쟁력 세계 3위, 실업률 1.6% 세계 6위(국제노동기구), 경제 자유 지표 세계 2위, 세계화 지표 세계 1위와 같은 순위 혹은 수치에만 주목한다. 하지만 싱가포르가 민주주의를 외면하고 국민의 기본권을 제한한 결과는 참담하다. 민주주의 지표가 167개국 중 75위에 불과하고 소득 불평등을 나타내는 지니계수를 보면 155개국 중 123위다(참고로 126위가 나이지리아). 언론 자유는 171개국 중 153위다(참고로 156위가 이라크). 이는 표현의 자유가 사실상 없다는 뜻이다. (실제 꼼꼼하게 적용되고 있지는 않지만) 화장실에서 물을 안 내리거나, 껌을 씹거나, 지하철에서 음식을 먹으면 벌금을 내야 한다는 법 조항도 있다. 몇 해 전까지는 '오럴섹스 금지법'도 있었다. 그래서일까? 싱가포르는 '감정을 잘 드러내지 않는 분야'라는 조사에서 150개국 중 1위다. '행복 지수'는 151개국 중 90위다.[124] 국민들의 일상이 이토록 참담한 것과 정치 및 경제 권력을 리콴유 가문에서 독점 및 세습하는 사실은 결코 무관치 않다. 이런 비민주적 요소들을 외면하고 경제적인 '숫자' 몇 개로 어찌 롤모델을 운운할 수 있을까?

수치, 그리고 이를 바탕으로 한 순위에 예민해져야 한다. 숫자를 어떻게 해석하느냐에 따라 사람들은 '별것도 아닌데' 동요되기도 하고, 굉장히 '심각한 상황'을 별것도 아닌 걸로 받아들이기도 한다. 여론이 잘못 형성되면 결국 피해 보는 사람은 '나'다.

나는 태어나자마자 속기 시작했다

다수결의 함정

숫자는 객관적이나 수치가 늘 객관적이진 않다. '갤럽'이란 리서치 회사 이름의 유래를 살펴보면 우리가 '겉으로 드러나는 통계치'를 왜 의심해야 하는지를 잘 보여준다. 1936년, 미국 대통령 선거를 앞두고 잡지사 〈리터러리 다이제스트〉(Literary Digest)는 공화당의 랜든(Alfred Landon) 후보가 민주당의 루스벨트(Franklin Roosevelt) 후보에게 압도적으로 우세하다는 여론조사 결과를 발표한다. 20만 명이 응답한 결과이기에 이를 의심하는 사람은 없었다. 그런데 작은 광고 회사를 운영하던 '조지 갤럽'(George Gallup)이 단지 2000명을 무작위 표본으로 조사하여 루스벨트가 당선될 것이라고 예측했고 결과는 '갤럽'의 예측이 맞았다. 〈리

터러리 다이제스트〉가 실패한 이유는 표본의 선택 과정 때문이었다. 전화번호부와 자동차 등록부에서 표본을 찾았는데, '전화가 없는', '자동차가 없는' 대부분의 저소득층이 이 표본에서 제외되면서 전통적인 민주당 지지층을 설문 대상에서 빼버리는 실수를 하고 만 것이었다.[125]

이처럼 여론조사는 누군가의 '객관적인 응답'일 수는 있지만 언제나 '객관적인 여론'은 아니다. 최근 설문조사에서는 휴대전화와 일반전화의 응답률에 따라 다른 결과가 나타난다. 일반전화 응답이 높은 설문조사에는 전화를 거는 낮 시간대에 집에 있는 사람들(전업주부, 노인, 혹은 일자리를 구하지 못한 사람들)의 여론만이 반영될 가능성이 높다.

＼ 설문조사를 움직이는 변수들

설문조사는 표본을 섬세하게 관리해도 객관적이지 않을 수 있다. 왜냐하면 인간은 심리상 자신의 속마음이 무엇이든 간에 '윤리적으로 옳아 보이는' 답을 겉으로 표출하는 성향이 있기 때문이다. 또한 누구나 한 번쯤 들어봤을 '침묵의 나선'(Spiral of Silence) 효과도 간과할 수 없다. 사람들은 어떤 여론이 지배적인 분위기를 형성하게 될 때, 이에 '반대 입장'을 가지더라도 이를 적극적

　나는 태어나자마자 속기 시작했다

으로 드러내지 않고 너도나도 침묵하는 경향이 강하다.

또한 설문을 언제 어떻게 하는지도 수치의 객관성을 파괴한다. 연쇄살인범에 관한 적나라한 뉴스가 일주일 내내 계속될 때, '사형 제도를 어떻게 생각하는지'를 물으면 '찬성' 답변이 평소에 비해 급격히 증가한다. 그러다가 한동안 뉴스가 잠잠한 틈에 설문조사 문항을 '한국은 사형 제도를 공식적으로 폐지하지 않아 법 제도의 선진국에 도달하지 못했다는 평가를 받습니다. 여러분은 아직도 사형 제도가 필요하다고 생각하십니까?'라고 바꾸어 버리면 많은 이들이 언제 그랬냐는 듯이 전향(?)한다.

아울러, 한 개인의 응답 자체가 과연 공정한 토론을 거친 이후의 결과였는가도 중요하다. 우리가 수치를 중요시하는 이유 중 하나는 '다수결'이 중요한 민주주의 사회에 살기 때문이다. 하지만 민주주의가 다수결 그 자체를 뜻하지는 않는다. '누가 더 많이 선택했다'가 전체의 의사를 대변하기 위해서는 격렬한 토론이 필수다. 그래서 다수결이 '여론을 반영'한 것은 분명하겠지만 '토론이 부재'한 여론은 그 진정성을 의심할 수밖에 없다. 사회학자 노명우는 『세상물정의 사회학』에서 좋은 여론이 무엇인지를 이렇게 말한다.

여론에는 전문가 한 명의 견해에선 찾아볼 수 없는 고유한 무게감이 있다. 여론 속에는 한 개인이 아니라 집합체의 힘이 들어 있고,

서로 다른 의견들의 충돌이 숙성을 통해 조율되는 지혜와 심지어 소수자의 의견을 경청한 후 다수결이 폭력이 되지 않도록 하는 배려마저 담겨 있다. 여론은 의견의 자유로운 교환과 토론을 먹고 자란다. 언론과 사상의 자유가 있을 때, 의견은 사회의 구석구석까지 뻗어 있는 모세혈관을 따라 흐를 수 있고, 그렇게 구석구석 흘렀던 피가 다시 심장에 모일 때 여론은 어린 싹에서 거대한 나무로 성장한다. (…) 여론이 형성될 틈도 주지 않고 속전속결로 해치우는 여론조사는 결과적으로는 인기투표와 다를 바 없고, 여론을 고려했다는 알리바이에 불과하다.[126]

다수결의 원칙을 의심해야 하는 이유

1972년에 있었던 박정희 정권의 '유신헌법'에 관한 국민투표의 내용을 살펴보자. 당시, 유권자의 91.1%가 투표를 하고 92.2%가 찬성했다. 하지만 이 절대다수의 찬성은 공정하지 못한 여론 형성의 결과였기 때문에 전혀 민심을 대변하지 못했다. 국민투표 한 달 전부터 비상계엄령이 선포되어 국회는 해산되었고 모든 정치 활동은 금지되었다. 언론, 출판, 보도, 방송은 사전 검열을 받았고 대학들은 강제 휴교 상태였다. 새 헌법에 대한 일체 토론이 금지된 상태에서 국민투표가 이루어졌고 이미 10년 넘게

나는 태어나자마자 속기 시작했다

'박정희 우상화'에 길들여져 있던 국민들의 영혼 없는 응답은(이를 위해 그토록 이순신을 강조 또 강조했다!) '민주주의의 과정을 위반하지 않았다'는 명분을 제공했다. 새 헌법에 따라 체육관 선거에서 박정희는 단독 입후보해, 대의원 2359명 전원이 투표하여 2357명이 찬성하는(무효 2표) 99.99%의 경이로운 득표율로 대한민국 8대 대통령에 당선된다. 그리고 6년 후, 유신헌법에 따라 9대 대통령에 다시 당선된다. 이보다 우리가 '수치'를, 그리고 '다수결의 원칙'을 의심해야 하는 명백한 이유가 어디 있겠는가.

통계가 사회에 미치는 영향

특정한 사회현상이 통계로 드러나는 것이지만, 때론 통계가 사람들의 특정 행동을 유발하기도 한다.

한국 사회에서 '주의력결핍 과잉 행동장애'(ADHD: Attention Deficit Hyperactivity Disorder)의 통계 수치는 단순히 의료 분야에만 국한되어 다루어지지 않는다. 국민건강보험공단의 자료에 따르면 2009년부터 2013년까지 ADHD 관련 병원 진료를 받은 환자가 12% 늘었다. 환자들 중 70%가량이 10대다. 많은 언론이 이 '수치의 증가'를 걱정스럽게 보도했고 원인과 해결책이랍시고 여러 정보들을 알리기 바빴다. 이런 우려스러움은 한국 특유의 입시 문화와 만나 별일도 아닌 경우를 큰일로 오해하게끔 한다.

나는 태어나자마자 속기 시작했다

기준만 살짝 바꾸면 정상은 비정상이 된다

초등학교 교실 안을 떠올려보자. 선생님 말씀에 집중하지 못하고 그럴 때가 아닌데 자신의 입장만을 불쑥 주장하는 아이들이 있다. 당연히 방해를 받는 아이들도 있다. ADHD라는 말이 낯설던 시대에는 이 장난꾸러기 아이에 대해 어른들은 이렇게 말했다. "그래, 그 친구가 좀 어수선한가 보구나." 평가는 짤막하다. 직접적인 폭력이 오가지 않는 이상, 고3 교실도 아닌 초등학교에서 이만한 일을 확대해석하는 건 경우가 아니기 때문이다. 좀 수위가 높아져야 '산만하다'고 생각한다 "속된 말로 '나대는' 아이들에 대해서도 병적인 증세라고 판단하지는 않았다. 실제로 대부분의 산만한 아이들은 성장 과정에서 자연스럽게 문제가 해결된다."[127] 하지만 지금은 이렇게 반응한다. "뭐야? 걔 ADHD 아니야? 부모는 뭐 하고 있어? 얼른 병원에 가서 치료 안 하고?" ADHD라는 질병 자체를 부정하는 것이 아니다. 의학적으로 이병은 '실재'한다. 또 최근에는 초등학생들까지 입시 스트레스에 시달리면서 ADHD 증세를 보이는 경우가 없지 않다. 그중에는 적극적으로 병원 치료가 필요한 경우도 있다. 문제는 ADHD가 사람들에게 익숙해지면서 심각한 수준이 아닌 아이들까지 ADHD로 오인받고 다른 아이들에게 해를 입히는 사람으로 낙인찍힌다는 점이다. "'기준'만 살짝 바꿔도 어제는 '정상'이었던 것이 오늘은 '비정상'이 된다. 우리가 접하는 질병 통계의 상당수는 그렇게 만들어진다."¹²⁸ (고혈압 및 콜레스테롤 수치의 정상 기준점이 낮아지면 제약회사가 제일 좋아한다는 우스갯소리가 있을 정도다.)

'협력'이 교육적으로 중요하게 다루어지지 않는 한국 사회에서 '누군가의 산만함'은 공부를 방해하는 요소로 통한다. 이때, 어디선가 주워들은 '요즘 ADHD 환자가 많이 늘고 있다더라!'는 정보는 과거와는 다른 반응을 유발한다. 산만한 아이의 부모도 과거처럼 '그러려니' 하고 생각하지 않는다. ADHD는 제때 치료하지 않으면 추후 학습장애가 발생한다는 식의 부연 설명을 반드시 동반한다. '혹시나' 하는 우려가 클 수밖에 없다.

'학습 장애→선생님께 꾸중→친구 관계 문제(왕따)→자신감 결여→학습 의욕 상실→다시 처음부터 반복되면서 더 심각해짐'을 걱정하지 않을 수가 없다. 그래서 '아주 만약의 가능성'을 걱정하기에 병원을 찾는다. 요즈음은 이런 분위기를 경계해야 하는 교사가 학부모에게 '괜찮은 병원'을 소개해준다니 말 다 한 거 아니겠는가. 문제는 학생이 병원에 가서 제때 병을 발견했든 아니든 학교생활이 힘들어진다는 거다. 진짜 ADHD 확진을 받은 경우는 물론이고 아니라도 '어찌 됐든 병원 가서 검사받은 아이'로 소문이 나 보통과는 다른 존재가 되어 친구들로부터 배제당하는 경우가 많다.

과잉 진료과 암 환자수

'갑상선암' 발병률 증가라는 통계 수치에도 의심할 지점들이 많다. 한국에서 갑상선암 발병률은 엄청나다. 남성의 경우 세계 평균이 10만 명당 1.5명이지만 한국은 10.9명으로 7배가 넘으며, 여성의 경우 세계 평균은 4.7명이지만 한국은 59.5명으로 12배가 넘는다. 이는 최근 20년 사이에 무려 15배, 30년을 기준으로 하면 30배가 증가한 엄청난 수치다.[129] 다른 나라들이 같은 기간 평균 2배 정도 증가한 것을 볼 때 한국은 우려스럽다. 방사능에 노출되지 않고서야 갑작스런 증가를 설명하기 힘들기 때문이다. 1986년 체르노빌 원자력 발전소 폭발 후 인근 지역 갑상선암 발병률이 9배나 증가했다.[130] 하지만 한국에 이를 의심할 정황은 없다. 그러면 갑상선암 발병에 적합한 유전자라도 타고났단 말인가? 진짜 이유는 간단하다. '과잉+과다 검진' 때문이다.

여기서 '과잉'이란 한국의 의사들이 다른 나라였으면 암이라고 진단하지 않는 것을 '충분히 암이라고 볼 수 있다'는 소견을 내는 현상을 말하며, '과다'는 갑상선암이 증가하는 분위기에 사소한 피로에도 병원을 찾는 환자가 많아졌다는 뜻이다. 이는 '의사의 당연한 자세'도 아니고, '일반 사람들의 보편적인 심리'도 아니다. 한국이란 공간에서 벌어지는 일일 뿐이다. 의사들은 "나중에 암이 될 가능성이 있는 것을 미리 제거하는 것이 무슨 문제인가?"라고 말할지도 모른다. 그런데 왜 그런 '히포크라테스 정신'이 유독 한국인 의사들에게 투철하단 말인가? 다른 나라 의사는 생명을 경시해서 같은 초음파 사진을 보고 다른 진단을 내리는 것일까? 갑상선암은 목에 멍울이 생긴 다음 치료해도 10년 생존율이 95%이기에 국제의학계 기준에서도 대표적인 '순한 암'으로 분류된다(그래서 일반적인 암의 완치 기준인 '5년 생존율'을 적용하지 않는다).[131] 다른 나라에서는 더 기다려보고 천천히 치료하는 것을 굳이 악착같이 '암으로 진단'하여 수술까지 하는 이유가 뭘까? 한국의 병원들이 '영리성'을 추구하기 때문이라 아니할 수 없다.

한국인이라면 온갖 검사를 '일단' 하고 보는 병원의 태도에 실망한 적이 있을 것이다. CT 촬영, MRI 검사를 얼마나 자주 승인했느냐를 '실적'으로 평가하는 병원도 있다. 실제, 한국의 경우 인구 1000명당 활동 의사 수는 OECD 평균의 60% 수준인데, CT 및 MRI 의료기기 보유 대수는 OECD 평균보다 60%가 더 많다.[132] 의사들이 '검사'를 남발할 수밖에 없는 환경이다. 의사들은 '갑상선암'을 발견하는 초음파 검사를 적극 권장해야 하니 자연스레 갑상선암 환자는 증가한다. 그렇게 되면 사회 전체적으로 병원 방문이 늘어난다. 주변에서 "전혀 몰랐는데, 병원에 갔다가 우연히 발견해서 수술을 했다"라는 이야기가 빈번히 들리면 많은 이들이 '혹시 나도 그러지 않을까?'라는 의구심을 품을 수밖

나는 태어나자마자 속기 시작했다

에 없다. 특히 암 치료비로 가정경제가 파탄 나기 십상인 한국 사람들은 불안한 마음에 작은 증세에도 일단 병원으로 향한다. 한국의 건강보험 보장률은 63.4%에(2015년 기준) 불과해 OECD 평균 80%에 비해 매우 낮다.[133] 한국은 공공의료 시설도 미흡하다. 공공 병상 수는 1.19개로 OECD 국가 중 최하위다.[134] '암'에 걸렸다고 가정이 '풍비박산' 나는 건 운이 나빠서가 아니다. 그 사회가 의료의 공공성을 얼마나 실천하고 있는지의 문제다. 한국에서 암은 고통이기도 하지만 비용 문제이다. 그러니 나중에 감당하지 못할 병원비 앞에서 좌절하기 전에 쇠뿔도 단김에 빼는 게 남는 장사라 판단한다. 이 불안과 불안을 이용한 병원 덕택에 갑상선암 발병률은 다른 나라보다 높다.

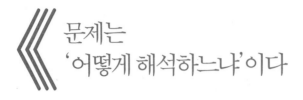

문제는
'어떻게 해석하느냐'이다

2017년도 프로야구 타격왕은 기아타이거즈 유격수 김선빈 선수다. 2017년도 미국 메이저리그 아메리칸 리그 최우수선수(MVP)는 휴스턴 애스트로스의 2루수 호세 알투베 선수다. 이들의 공통점은 최고의 야구 선수라는 점 말고도 한 가지가 더 있다. 바로키가 작다는 거다. 모두 165cm 정도로 선수들 중 최단신이다. 두 선수는 야구를 하는데 신체 조건이 중요하지 않은 대표적인 사례로 종종 언급된다. 사실이니 틀린 말도 아니다. 그런데 객관적인 사례가 전형성까지 보장할 수 있을까? 결론부터 말하자면 전형성이 '전혀' 없을 수도 있고 '매우' 있을 수도 있다. 이 두 측면을 '숫자의 무게감'이란 틀로서 이해해보자.

노력하면 이루어진다 신화

하나는 현시점에서 그 숫자가 가지는 무게감을 이해해야 한다. 학창 시절에 '야구 천재' 소리를 못 들으면 프로팀에 지명조차 받지 못한다는 프로야구에 등록된 선수는 총 614명이고 평균 신장은 183cm다(2017년 기준). 김선빈 선수는 존재하는 '1'임에는 분명하지만 정확히는 '1 : 624'에 불과하다. 프로야구 선수를 한 곳에 모아두고 175cm 미만과 이상의 그룹으로 나누면 175cm 미만 그룹에 선수들이 몇 명 존재하겠지만 대부분이 다른 쪽에 있을 것이다. 이 사실에서 야구와 신체적 조건이 상당히 중요하다는 것을 추론할 수 있다.

숫자의 무게감에 대해 이야기하는 이유는 사회적 전형성을 무시하고 '특수한 사례'를 일반화하여 타인을 멋쩍게 만드는 사람들이 부지기수이기 때문이다. 그 대표적인 경우가 '자기계발서'에 등장하는 무시무시한 성공 사례들이다. 자기계발서들의 내용을 한 줄로 정리하면, '힘들어도 나는 성공했다'이다. '집안이 가난했지만 서울대에 갔고, 지방대를 나왔지만 대기업에 합격했고, 말단 사원이었지만 임원이 되었고'에 대한 노하우들을 나열하기 바쁘다. 객관적인 개인의 성공이 잘못되었다는 것이 아니다. 하지만 '특수한' 사례에 큰 무게가 실리면 '노력하면 꿈은 이루어지니 사회 탓하지 마라!'는 초현실적 일반화가 이루어진다. 그러면 객관적인 사회 현실은 모호해진다.

그렇다면 김선빈 선수의 경우는 어떤 전형성을 갖고 있는 것일까? '가상'으로 이해해보자. 만약, 현시점에서 신장이 175cm가 되지 않은 프로야구 선수가 전체의 5% 정도라고 치자. 이 5%는 당연히 해당 조건에 포함되지 않는 95%가 있기에 선불리 전형성을 확보할 수 없다. 무게감이 없기 때문이다.

하지만 무게감은 상대적이다. 시간의 축 위에서 이해해보자. 예를 들어, 20년 전에는 해당 조건의 선수가 전체의 1%였다고 한다면 현재의 5%는 과연 '전형성'이 없는 것일까? 무려 '5배'의 변화가 나타났다는 사실에서 무게감이 객관적으로 증가하고 있다고 봐야 한다. 이때 '시간이 갈수록 신체 조건에 제약을 받지 않는 선수들이 증가하고 있다'는 추론이 가능하다. '만약'이라는 단서를 달았지만, 실제로 프로야구의 세계에서 이런 변화가 있다면 나름의 상상력을 발휘해볼 수 있다. 야구라는 운동이 전문성을 가지게 되면서, 각각의 선수에게 부여되는 역할이 다를 수 있고 그런 철학을 가진 지도자가 늘어나면서 '키 때문에' 야구를 미리 포기하는 선수가 줄어들었다는 식으로 말이다.

"사회 탓하지 마라! 노력하면 이루어진다!"

흐름과 상황에 따라 달라지는 수치 해석

야구 이야기를 하자는 건 아니다. 숫자의 무게감은 그 '절대적 양'만으로는 결정되지 않는다. 작아도 의미 있는 숫자들이 있다. 예를 들어 100명당 '0.03명'에 해당하는 무엇이 있다면 이는 그렇게 중요해 보이지 않는다. '99.7%가 그렇지 않다'는 쪽으로 해석함이 옳을 듯하다. 그런데 이 '0.03명'은 한국 사회의 수준을 그대로 보여주는 숫자다. 무엇일까? 바로 '자살률'이다. 인구 10만 명당 기준으로 한국 사회는 30명 내외를 '늘' 기록하면서 OECD 회원국 단독 1위를 오랫동안 질주 중이다(2011년도가 31.7명으로 가장 높은 수치를 기록했고 이후 다행히도 미세하게나마 감소 추세를 보이고 있다. OECD 평균은 2013년 기준 12.1명이다. 전체 2위는 20.9명의 일본인데, 한국보다는 매우 낮은 수치다). 이 수치는 인구의 0.03%에 '불과하다'고 말하기는 힘들다. 사람이라면 살고 싶어 하는 경향이 강한 것이 당연하기 때문이다. 그래서 '낮은 수치'라도 '대단한' 수치가 될 수 있다. 고등학교 한 반 학생보다 많은 39.5명이(2013년 기준) 매일 자살로 생을 마감한다는 것은 끔찍한 일이다. 지금도 36분마다 한 명꼴로 자살을 선택하고 있다. 그 외에도 '작지만' 시간의 축을 바탕 삼아 살펴볼 몇 가지 사례들이 있다. 한번 알아보자.

나는 태어나자마자 속기 시작했다

① 23.9%라는 숫자는 그 자체로 '큰' 무게는 아니다. 하지만 이 수치가 2000년에는 15.5%에서 지속적으로 증가했다고 보면 '사회'와 함께 논하지 않을 수가 없다. 이 수치는 한국의 1인 가구 비율이다(2010년 기준). 이 비율은 2020년에는 29.6%, 2050년에는 37% 정도로 계속 오를 것으로 예상된다.[135] 어떤 이유가 있을까? '부부+자녀'로 이루어진 전통적인 가족 개념이 점점 희석되는 시대의 특징을 떠올리면 된다. 또 '결혼하기 힘든' 상황과 '나의 자유'를 결혼이라는 제도와 바꾸려 하지 않는 개인의 의지도 있을 것이다.

② 1.07%는 어떤 느낌인가? 절대적으로 가볍다. 바로, 전국 초중고 학생들 중 다문화 가정에 속한 학생 숫자다. 그런데 1.07%는 2006년 이후, 8년간 7배 증가한 수치다. 아울러, 1.07%에 해당하는 5만 5780명 중 71.2%가 초등학생이기 때문에 이 수치는 앞으로 점차 증가할 것이 확실하다. 그렇게 볼 때, 1.07%는 무시할 만한 수치가 아니다.

③ 어떤 경우가 2.3% 정도라면, 이는 '2.3%에 불과하다'고 해석하는 것이 당연해 보인다. 이는 '간호사 중 남성 비율'이다(2014년 기준). 시간의 축을 고려하지 않고 2.3%만을 해석하면 당연히 '한국에서 간호사는 대부분 여성인 경우가

많다'는 논리가 가능하다. 간호사 중 97.7%가 여성이니, 틀린 말이 아니다. 남성 간호사 비율이 7%인 미국과 비교하면 "왜 한국은 남성 간호사가 별로 없는가?"라는 질문을 던질 수 있다. 하지만 2.3%가 '0.4%(2004)→0.6%(2006)→0.9%(2008)→1.2%(2010)→1.8%(2012)'[136]에서 이어지는 수치임을 생각해보면 '한국에 남성 간호사가 없는 이유'가 아니라 '최근 남성 간호사가 증가하는 이유'에 대해 생각해봐야 할 것이다. 극심한 취업난 때문에 간호대학에 진학한 남성들이 늘어났다는 측면, 직업별 성 고정관념이 과거에 비해 낮아지고 있다는 점 등을 언급할 수 있다.

물론, 시간에 따른 '증가 폭'이 유의미하다고 해서 그 변화의 맥락만을 강조하는 실수를 범해서는 안 된다. 예를 들어, 육아휴직자 중에 남성의 비율이 2010년 이후 4년간 56% 증가했다면, 성별 분업 고정관념이 사라졌다거나 일터에서의 차별이 없어지고 있다는 등의 여러 '긍정적 해석'이 동반될 가능성이 크다. 하지만 그렇게 증가한 3421명이라는 숫자는 전체 육아휴직자 7만 6833명의 4.5%에 불과하다.[137] 이런 경우, '여전히' 여성이 육아를 책임지는 현실에 대한 비판과 '아직 갈 길이 멀었다'는 한탄이 등장해야 한다. "세상 좋아졌다!"(평등)가 아니라, "왜 한국은 아직도 이러한가?"(불평등)라는 질문을 던져야 마땅하다. '남성'

나는 태어나자마자 속기 시작했다

이 육아휴직이라는 제도를 쓸 수 있음에도 '인사 평가'에서 불이익을 받을까 두려워 권리를 행사하지 못하는 분위기가 어떻게 만들어졌는지를 논의해야 한다. 그래야지만 이 수치가 '좋은 쪽'으로 개선될 수 있다.

남녀평등과 사회복지의 수치

남녀평등의 의미에서 자꾸만 '세상이 좋아졌다'는 분들이 많으니 관련 통계 하나를 짚어보자. 2014년 기준으로 여성 공무원은 31만 860명으로 전체에서 49%를 차지한다. 2000년의 수치가 35.6%였으니 14년간 꾸준히 증가한 셈이다. 이것이 직업 세계의 객관적 양성평등을 뜻할까? 전체 공무원 중 절반이 여성인 것은 사실이다. 하지만 1~3급의 고위직 여성 공무원 비율과 함께 비교해보면 갈 길이 멀어 보인다. 아직 고위직에서 여성 공무원은 4.5%에 불과하다. 물론 고위직 여성 공무원 비율도 조금씩 증가하고 있고 전체 여성 공무원이 증가했으니 추후 새로운 지형이 형성될 거라 예상할 수는 있다. 하지만 '현재'를 기준으로 '남녀평등'을 논하는 건 시기상조다. 이는 '유리천장 지수'와 비교하면 쉽게 이해할 수 있다. 한국은 여성의 사회 참여나 직장 내 승진을 가로막는 보이지 않는 장벽을 뜻하는 '유리천장 지수'가

OECD 회원국 중 꼴찌다. 유리천장 지수는 고등교육과 남녀 임금 격차, 기업 임원과 여성 국회의원 비율 등을 종합한 점수인데, 한국은 100점 만점에 25.6점을 받아 조사 대상 28개국 평균 60점보다 한참 낮다(1위 핀란드 80점, 2위 노르웨이 73.1점, 5위 프랑스 72.1점). 이 유리천장 지수 항목에는 고위직 여성 공무원 비율처럼 기업 이사회의 여성 비율이 있다. 한국은 2.1%에 불과했는데 이는 평균 16.7%에 비해 매우 낮은 수치다(1위 노르웨이 38.9%). 10대 그룹에서 여성이 임원으로 승진할 확률이 0.07%이고 공기업의 경우는 0.002%다. 사실상 불가능하다는 말이다.[138] 이것이 '30분 더 공부하면 내 남편 직업이 바뀐다'라는 급훈이 여고 교실에 걸려 있는 이유다.

종합하자면 한국 사회는 여성들의 노동시장 '진출'이 과거보다 증가한 것은 분명하지만 이를 실질적인 '남녀평등'으로는 해석하기에는 무리가 있다. '복지 비용의 증가'도 마찬가지다. 한국은 명목 국내총생산(GDP) 대비 공공사회복지 지출 비용을 4.8%(2008)→9%(2010)→10.2%(2013)→10.4%(2014)로 꾸준히 늘렸다. 일부에서는 이를 '과다 지출'이라고 말하기도 한다. 하지만 이 수치는 낯부끄러울 정도로 '낮다'고 봐야 한다. OECD 가입국 중 GDP 대비 사회복지 지출 순위가 한국은 꼴찌다(28개국 대상. 32개국을 대상으로 했던 2013년에는 31위를 했다). OECD 평균은 21.6%이다. 프랑스(31.9%), 핀란드(31.0%), 벨기에(30.7%) 등은 말할 것도 없고 밑에서 두 번째인 에스토니아(16.3%)에 비해서도 한국은 한참 낮은 수준이다.[139] 그러니 최근의 '복지 비용'이 증가하고 있다는 그래프는 좋은 쪽으로 변화한다는 측면은 맞지만 여전히 미흡하다고 해석해야 한다. 그래야 복지 비용을 어느 정도 수준까지 올려야 한다는 여론을 만들 수 있다. 숫자를 어떻게 해석하느냐에 따라 '자신의 미래'가 더 안정적일 수도, 아닐 수도 있는 셈이다.

6장

'순수한 내 마음'이란
존재하지 않는다

1973년 정부에 의해 고운 우리말 상을 받았던 '아침이슬'은 이
듬해 금지곡으로 둔갑했다.

최규성[140]

박세리는 IMF 경제위기로 침체된 사회 분위기 속에 등장한 '잔
다르크'였으며 '국가적 희망'이었다.

정희준[141]

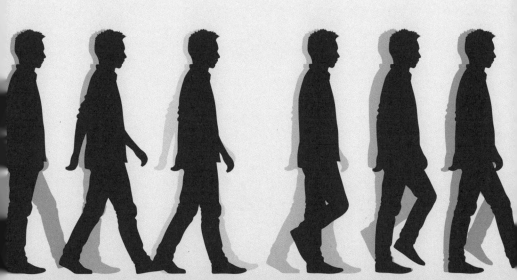

내 마음의 정체

"감정은 순수한 나의 것이다."

사람들은 아무리 사회가 개인에게 영향을 끼친다 하더라도 자신의 감정조차 지배당하고 있다고 인정하지는 않는다. 인간으로서의 자존심은 이해가 되나 과연 그럴까? 사회학자 김찬호는 『모멸감: 굴욕과 존엄의 감정사회학』에서 '감정'을 다음처럼 설명한다.

> 감정은 시대에 따라 다양한 양상을 띤다. 그것은 순전히 개인적인 것도 아니고 생물학적으로 결정되는 것만도 아니다. 그것은 오랜 기간 동안 이어지고 광범위하게 공유되는 삶의 바탕이다. (…) 감정

을 사회적인 지평에서 분석하고 역사적인 차원에서 이해해야 하는 까닭은 무엇인가. 지금 우리에게 익숙한 마음의 습관들을 멀리서 바라볼 수 있기 때문이다. (…) 당연시되는 감정이 일정한 사회 문화적 조건 속에서 형성된 마음의 습관이라는 것을 알아차리고, 정서의 얼개를 비판적인 눈으로 평가할 수 있는 것이다.[142]

이 논의를 대중 강연장에서 적극적으로 설파하면 '자존심 상해'하는 이들이 많다. 그러면서 "그럼 지금 내 생각이 내 것이 아니면 무엇이란 말인가?"라면서 푸념을 늘어놓는다. 사람들은 그래도 예술 작품 앞에서 요동치는 감정은 순수한 생물학적인 꿈틀거림이 아니냐면서, 이것을 어떻게 설명할 수 있느냐고 항변한다! 물론 설명할 수 있다.

우리는 예술을 순수한 이미지로 기억하고 '예술은 오직 예술일 뿐'이라는 착각을 하며 살아간다. 하지만 예술은 '인간만이' 창조하는 것이고 '인간만이' 평가하는 것이다. 인간이 사회라는 네모난 상자를 벗어날 수 없으니 예술에 대한 평가도 사회적 맥락에서 벗어날 수가 없다.

국악은 정말 따분한 음악일까?

대학생들을 대상으로 '예술' 하면 떠오르는 것들을 자유롭게 말해보라고 했다. 베토벤의 '운명' 교향곡, 미켈란젤로의 '천지창조', 심지어(?) GD의 '삐딱하게' 등 다양한 인물들과 장르가 등장한다. 그런데 '국악'과 관련해서는 단 한 명도 언급하지 않는다. '국악'의 이미지를 말해보라 했다. 가야금, 판소리 등이 등장하더니 '따분함', '느려터짐' 같은 느낌이 먼저 떠오른다고 고백한다. '애국'이 마법의 단어인 사회에서 낯설게 들렸다. '국'악을 좋지 않게 말한 것이 께름칙한지 "좋으면 좋다고 하겠지만, 내 마음 깊은 곳에서 우러나오는 느낌이 실제 답답한 것이 사실이지 않느냐!"는 설명도 덧붙인다. 그렇다면 국악은 '객관적으로' 따분한 음악일까? 아니면 자연스럽게 이 사회 안에서 성장하면 그렇게 느낄 수밖에 없는 것일까?

우리나라의 전통문화는 일제와 미군정 시기를 거치면서 '교육적으로' 변방 취급을 받았다. 일제의 민족문화 말살 정책은 말할 것도 없고, 미군정의 교육은 미국을 세상의 으뜸 국가로 이해시키기 바빴다. 조지 워싱턴의 체리나무 '도끼사건' 이야기를 누구나 다 아는 이유다. 교과서에 실린 세계지도는 오직 경제적 잣대에서 구분되어 있을 뿐이다. 학교를 다니면 다닐수록 '미국'은 위대해 보일 수밖에 없다. 이 과정에서 음악의 기준도 그들의 입장에서 정리된다. 그 결과 일반적인 '음악'은 서양음악을 지칭하게 되고 그들에게 낯선 한국의 전통음악은 '국악'이란 별도 범주로 묶어버린다.[143] 이 분류는 자연스레 상호 간의 우선순위를 설정하여 일상에서 특정 장르를 배제하는 결과로 이어진다. 그래서 서양음악은 '원래'의 이미지를, 국악은 '변두리'의 이미지로 기억된다. 특정 음악에 대한 익숙함과 낯섦을 계속 경험하게 되면 감정도 학습당한다. 그 결과, 대학에서 바이올린을 전공한다고 하면 높이 평가하면서 '가야금 전공자'라고 하면 (주로 '공부를 얼마나 못해서 그런 걸 전공했니?'와 같은) 이상한 상상을 동반하여 낮춰보기 일쑤다. 이처럼, 예술도 '사회'를 피해 갈 수 없다. 우리가 예술을 접하면서 느끼는 감정이야말로 지극히 사회적인 것이다.

나는 태어나자마자 속기 시작했다

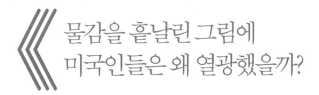

물감을 흩날린 그림에
미국인들은 왜 열광했을까?

작품의 '의미'를 어떻게든 발견하는 것이 현대인의 교양이자 능력
으로 여겨지는 세상이지만, 어떤 작품들은 지독히도 해석하기가
힘들다. 미국의 화가 잭슨 폴록(Paul Jackson Pollock, 1912~1956)
의 경우가 그러하다. 그의 대표작에 대한 첫인상이 "아무렇게나
휘갈겨놓은 그림"[144]이란 걸 누구도 부인하긴 어렵다. 인터넷에
서 잭슨 폴록의 작품 'NO.5'를 검색해봐라. 나는 물론이거니와
다섯 살 아이도 충분히 그릴 수 있을 것 같다. 그런데 그 그림의 가
격이 무려 1500억 원이다(2006년 뉴욕 소더비 경매에서 1억 4000만
달러로 낙찰되어 당시 최고가를 기록했다).
　아마도 미술을 좀 아는 사람이라면 폴록의 작품을 '휘갈겨놓은 그림'이라 표현하는 사람에게 "당신이 추상표현주의를 이해 못하는 걸 탓해라!"고 면박을 줄지도 모른다. 폴록은 '추상표현주의'를 대표하는 작가다. 이 장르는 말 그대로 표현 방식의 '추상성'을 추구하기에 '정밀화'식의 구체적이고 정교한 그리기와는 대비된다. 즉, 폴록은 누구나 할 수 있는 장난을 친 것이 아니라, "물감을 흘리는 순간마다 영감과 비전에 따라 직관적 결정을"[145] 표현했다. 그러면 붓질에 직관이 있으면 대단한 예술이 되는 건가? '추상표현주의'는 그 자체로 대단하고 아니고를 따질 수 없는 여러 미술 장르 중 하나다. 추상표현주의 작품이라 할지라도 무조건 대단할 수는 없다. 기존의 것과 대비되는 새로운 측면이라는 의미 부여는 자연스럽다. 하지만 '최초의 시도'를 했다는 것이 1500억 원을 보장하진 않는다. 즉, 폴록의 작품에는 '신선한 예술적 시도'보다 이 시도를 '대단한 것'이라 여기는 사회적 이유가 존재한다.

미국에서 폴록은 특별한 사람이다. 그의 다름은 단순한 장르의(혹은 새로운 시도로서의) 다름이 아니다. 폴록 이전에 미국인들이 가장 좋아하는 화가는 노먼 록웰(Norman Percevel Rockwell, 1894~1978)이다. 그는 자본주의와 민주주의 가치에 충실한 미국 중산층의 전형적인 일상을 사실적으로 그려낸 구상화가다. 하지만 록웰의 작품은 예술의 본고장인 유럽에선 좋은 평가를 받지 못하고 있었다. 예술의 역사가 유럽이 훨씬 오래되었으니 놀랄 일도 아니다. 하지만 미국이 '저평가' 받는 것이 '어떤 시대'에는 큰일이다. 당시는 전쟁만 하지 않았지, 모든 것을 이념적으로 경쟁하던 '냉전'(Cold War) 시기였다. 자유 진영을 대표하는 미국은 공산 진영을 대표하는 소련, 넓게는 동유럽의 나라들과 스포츠 전쟁을, 과학기술 전쟁을 벌였다. 승리는 '체제의 우월성'을 증명하는 것이기에, 패배는 용납되지 않았다. 상당 지점에서 미국은 충분한 성과를 달성했다.

하지만 예술은 예외였다. 자본주의적 성장에 중점을 두었던 미국은 예술적 토양이 부실했다. 예술적 영감의 배경이라 할 수 있는 '삶에 대한 유유자적한 감상'은 성장의 패러다임만을 추구하는 미국에선 '게으른 태도'로 치부되었다. 예술 낭인이 드물 수밖에 없었다. 그나마 록웰이 미국인들에게 유명했지만, "유럽의 지성들에게 그와 같은 철 지난 구상화로 미국 문화의 우수성을 과시한다는 것은 가당찮은 일이었다. 오히려 미국을 문화의 변방 국가로 보이게 할 위험성이 있었다."[146]

미국의 우월성을 홍보할 신의 한 수

골머리를 앓고 있던 CIA(중앙정보부)는 폴록의 작품을 보고 번뜩이는 아이디어를 떠올린다. 추상표현주의는 유럽의 잣대로는 평가할 수 없는 완전히 새로운 것이었다. 조금 더 해석을 확장하면 '기존 미술계의 한계, 그러니까 유럽 예술의 한계를 극복한 것'이 된다. 감칠맛 나는 신의 한 수, '추상=자유=미국'이라는 이미지를 만들어낸다. 자유로움이 없으면 추상적 표현을 할 수 없다, '자유로움이 없으면 추상적 표현물을 이해할 수 없다, 미국은 바로 자유로움이 보장된 사회다'라는 논리다. 자연스레 자유를 통제하는 공산주의 사회에서는 흉내조차 낼 수 없는 미국이라는 나라 이미지가 파생된다. 폴록이 '위대한 미국'의 국가 대표가 되는 건 시간문제였다.

분위기는 사회 전반으로 확장된다. 각종 전시회와 미술 콘테스트의 방향이 철저하게 추상표현주의를 지향하는 쪽으로 흘러가도록 중앙정보부는 유도한다. 언론 역시 폴록을 '위대한 화가'로 포장한다.[147] 미국인들은 "(화가가) 그림 안에 있기 때문에 캔버스와 더 가깝게 느껴지고 내가 그림의 일부가 된 것 같다"[148]라는 폴록의 말도 '자유'라는 이미지로 해석한다. '의문'을 품는 건, 미국인으로서 자격이 부족함을 만천하에 드러내는 꼴이니 찬양만이 존재한다. 비판이 불가능한 사회에서 폴록은 신(神)이 되고 미국은 세계에서 가장 우수한 나라가 된다. "역시! 우리 미국이 유럽에 뒤질 리 없지!"라면서.

나는 이 이야기를 강의 때마다 자주 언급하곤 했다. 어느 날, 한 회화과 학생이 이런 이야기를 한다. 이 설명에 충격을 받아 학과

나는 태어나자마자 속기 시작했다

교수님과 이야기를 했는데, 교수님께서는 "그 젊은 강사가 사회학 전공자니까, 예술을 잘 몰라서 하는 소리지. 폴록이 괜히 2차 세계대전 이후 미국 현대미술의 선구자가 된 것이 아니야!"라고 하셨단다. 맞다. 그가 괜히 '2차 세계대전 이후'에 미국의 국가 대표 화가가 되었겠는가. 그때부터가 공식적인 '냉전 시대'였다.

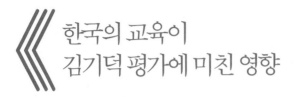

한국의 교육이
김기덕 평가에 미친 영향

김기덕 감독의 영화는 나라 안팎에서 상이한 평가를 받는 경우가 많다. 국내보다 주로 해외에서 찬사를 받는다. 특히, 〈피에타〉는 지난 69회 베니스 영화제에서(2012) 최고 영예인 황금사자상을 수상했다. 칸, 베를린과 함께 세계 3대 영화제라 불리는 베니스 영화제에서 일종의 대상을 받은 건 한국에선 김기덕 감독이 처음이다(그 유명한 박찬욱 감독도 칸 영화제에서 〈올드보이〉로 대상 바로 아래인 '심사위원 대상'을 수상했다). 김 감독은 이전에도 영화 〈사마리아〉로 베를린 영화제 감독상을, 〈빈집〉으로 베니스 영화제 감독상을 수상한 바 있었다. 그만큼 유럽에서 잘나간다. 〈피에타〉의 경우, 영화가 다 만들어지기도 전에 영화제 출품이 결정될

나는 태어나자마자 속기 시작했다

정도였다니 그에 대한 유럽의 신뢰가 어떠한지 짐작할 만하다.

한국인들은 왜 유독 김기덕의 영화를 불편해할까

하지만 국내에서는 어떠할까? 영화마다 차이는 있겠지만 빠지지 않고 등장하는 말이 김기덕 감독의 영화가 '불편하다'는 것이다. 〈피에타〉에 대한 평을 찾아보니 이런 내용들로 도배되어 있다. '김기덕 영화의 공통점은 보고 나면 기분이 더러워진다는 것', '눈과 귀를 씻고 싶을 정도로 꺼림칙하고 더러운 영화. 예술을 빙자한 변태성욕의 배설욕이 내재된 허구', '상식적인 사람에겐 불편한 영화', '고약한 방식을 추구하는 김기덕의 음지' 등등. 이런 악랄한 평들은 김기덕 감독이 만든 영화들에 대한 전반적인 반응이다. 〈중앙일보〉 배명복 논설위원의 칼럼은 김 감독 영화에 부정적인 반응을 보이는 사람들을 잘 대변한다.

> 〈피에타〉를 보는 것은 스트레스였다. 위액 분비가 늘어난 탓인지 영화를 보는 내내 속이 쓰렸다. 전에 비해 많이 완화됐다고 하지만 김 감독 특유의 잔혹과 엽기 코드는 여전했다. 피도 눈물도 없는 것이 자본주의의 속성이라 할지라도 그것을 꼭 그렇게 피가 튀고, 살이 찢기고, 뼈가 부서지는 방식으로 표현할 수밖에 없는 것인가.

(…) 영화 자체가 대중적 취향과는 거리가 멀다.[149]

한국에서 김기덕 감독은 자본주의 사회에 대한 구조적 모순을 극단적으로 표현해서 '불편하다'는 평가를 받는다. 하지만 유럽에서는 같은 표현을 보고 '예술적이다'라 평가한다. 보는 건 같아도 느끼는 건 '사회에서 무엇을 어떻게 학습받았느냐'에 따라 달라진다.

그렇다면 '불편함'의 의미를 짚어보자. 이것은 '지루함'과는 다른 개념이다. 영화의 완성도 문제가 아니라 자신이 이런 식의 영화를 '즐길' 기분이 아니라는 뜻 정도이다. 자신이 원하지 않는 장르라면 '내 취향이 아니다'라고 하면 될 것이지 이를 굳이 '불편하다'고 해석하는 것은 그만큼 예술에 대한 시야가 좁기 때문이다. 그렇게 된 데에는 여러 이유가 있다. 우선 전 세계적인 현상인 상영관의 멀티플렉스 현상이다. 멀티플렉스가 등장해서 상영관 수는 늘었지만, 영화 장르는 '멀티해지지 않는' 역설의 상황에서 관객들의 시야는 좁아진다. 다양한 영화를 '많이' 상영하는 것이 아니라, 〈명량〉, 〈어벤저스〉 같은 흥행할 영화만을 '집중' 상영하기 때문이다. 여기에 익숙해지면 흥행을 보장하는 익숙한 몇 가지 장르 외의 영화를 대하는 것이 낯설어지게 마련이다.

이런 전 지구적 현상은 '한국의 특수한 상황'과 맞물리면서 가속화된다. 한국에서는 '영화를 소비한다'는 것이 '즐기는 차원'

나는 태어나자마자 속기 시작했다

이상으로 확장되기 어렵다. 영화는 데이트 코스에 포함되고 주말에 해야 하는 의례적인 활동으로서의 성격이 강하다. 영화 때문에 데이트를 망쳐서도 안 되고, 영화 때문에 주말 기분을 잡쳐서도 안 된다. 그러니 '심기를 건드리는 불편한 영화'를 삼간다. 물론 많은 나라에서 이런 이유로 영화를 소비하지만 유독 한국은 '더' 적합한 배경을 보유하고 있다.

＼ 비판 문화를 가르치지 않는 사회와 영화의 취향

사회 안전망이 부실한 한국 사회에서 사람들은 늘 쫓기듯이 살아야 한다. '여가'의 개념이 폭넓게 형성되기 힘들다. 학생들은 '공부하는 기계'로 살고 어른들은 '돈 버는 기계'로 살기 때문에 여가는 육체와 정신의 휴식을 위해서만 사용될 뿐이다. 반대로 어떤 다른 사회에서는 영화가 단순한 즐김을 넘어선 철학적 고민 혹은 지적 허영심에 의해 소비되기도 한다. 영화를 대하는 '기준'이 단일하지 않다는 것이다. 독일, 프랑스, 이탈리아에서도 김기덕 감독의 영화가 블록버스터만큼 인기를 끌 리는 없지만, 영화의 내용에 대해 악담을 퍼붓는 비율은 낮다. '왜 그따위로 표현했느냐'와 '그 표현이 무엇을 의미할까'라는 상반된 반응은 사람의 차이가 아니라 사람이 살고 있는 사회의 차이에서 야기된다.

일상이 너무나도 피곤한 한국에서 김기덕 영화는 재미가 없고, 그래서 불편하다.

불편한 이유는 또 있다. 김기덕 감독의 영화는 현대 자본주의 사회의 구조적 모순을 적나라하게 표현했다는 평가를 받는다. 그런데 자본주의의 문제점을 논하는 문화란 한국에 없다. 한국은 자본주의 사회를 '의심 없이 받아들여야 하는 것'으로 강요하며, 만약 문제가 있더라도 '어쩔 수 없는 것', '스스로 극복해야 하는 것' 정도로 치부한다. 부모님, 학교, 미디어가 대동단결하여 자본주의를 맹목적으로 교육한다. 그러다 보니 영화가 '자본주의의 구조적 모순'을 드러낸들 사람들에게는 이를 제대로 이해할 촉수가 없다. 오히려 그런 종류의 이해력은 취업에도 불리하기에 어릴 때부터 철저히 단속된다.

상대적으로 유럽의 여러 나라들은 자본주의에 대한 비판적 접근을 꺼리지 않는다. 프랑스에서는 어릴 때부터 '시민교육'을 필수 교과로 공부한다. 초등학교 때부터 세계화의 이면에 존재하는 비인간적 노동환경을 소개하고 중학교 때는 급여명세서를 꼼꼼하게 이해시켜 '노동에 대한 정당한 보상'을 받을 수 있도록 유도한다. 공장폐쇄에 맞선 노동조합의 사례도 한국처럼 '강성노조' 이미지로 포장되지 않는다. 오히려 '노조가 어떻게 노동자의 권리를 보호하는지'를 교육한다. 고등학교 과정에서도 '노동의 유연성'에 대한 논쟁을 '기업의 생산성 증가'가 아니라 '노동자의

나는 태어나자마자 속기 시작했다

권리 침해'라는 시각에서 토론하게 만든다.[150] 영국도 정규 교과 과정에서 노동에 대한 개인의 권리를 가르치고 독일에서는 모의 단체교섭을 초등학교 때부터 경험해본다.[151] 자본주의를 부정하는 게 아니라, 자본주의의 문제점을 직시해야 개인의 권리를 지킬 수 있다는 것을 어릴 때부터 자연스럽게 체득하기 위해서다.

하지만 국영수 문제집만 풀어대는 한국은 이와 너무나 다르다. 세계화의 문제점을 다루면 좌파 교과서가 되고 '급여명세서'라는 말은 들어보기조차 어렵다. 파업은 시민 발목을 잡는 '집단 이기주의'와 동의어로 교육된다. 그러니 한국에서 '데모'라는 말은 아주 어둡고, 폭력적이고, 그래서 정상적이지 않다는 이미지로 통한다. 원래 '데모'라는 말은 'democracy'(민주주의)의 'demo'가 '시위'를 뜻하는 'demonstration'이라는 보통명사가 된 경우다. democracy는 고대 그리스어 demos(민중이)와 cratos(지배한다는)의 합성어이니, '데모'는 민중의 힘(people's power)을 뜻한다고 할 수 있다.[152] 불순분자의 반사회적 행동이 아니라는 말이다.

한국의 교육은 철저히 자본주의에 순응하라고 한다. '권리 따지는 사람치고 열심히 하는 사람 본 적 없다'는 소리는 학교교육 현장에서 교사로부터 한 번쯤은 들었을 말이다. 자본주의를 비판할 생각하지 말고, 그 안에서 승자가 되어 '누려라'고만 한다(곧 약자를 짓밟아라!). 그래서 모두가 CEO가 될 망상을 가진다. 자신이 자본주의의 승자가 되어야 하는데, 어찌 자본주의를 비판할 수 있겠는가? 만약 우리가 지금껏 받아왔던 교육의 10분의 1 정도만이라도 '시민교육'이 존재했다면, 한국에서 김기덕 감독의 영화는 지금과는 다른 평가를 받았을지도 모른다.

안타까운 것은 비판적 감각이 부재한 '친'자본주의 사회에서는 (자본주의라는) 신성불가침 영역을 건드렸다는 이유로 괘씸죄를 적용한다는 것이다. 김기덕 감독은 '자본주의를 비판했기' 때문에 역공을 받는다. 김기덕 감독의 신발과 옷에 대한 논쟁은 그렇게 시작된다. 〈중앙일보〉는 그의 사진과 함께 장문의 심층(?) 기사를 보도한다.

> 그는 이날 시상식 무대에서도 특이했다. 동여맨 꽁지머리 모습에 발뒤꿈치가 드러나게 접어 신은 낡은 신발을 신고 나왔다. 김 감독이 신은 신발은 스페인 브랜드 캠퍼 제품으로 가격은 32만 원대라고 캠퍼 관계자가 밝혔다. 신발 위쪽은 소가죽이고, 바닥은 고무로 만들었다. 튼튼하면서 패셔너블한 것이 특징이다. 캠퍼는 스페인 화가 호안 미로와 콜레보레이션으로 제품을 내놓는 등 예술적 취향이 있는 제품을 생산하고 있다. 신발 끈에 빨강색 등 원색을 많이 쓰는 것도 스페인의 미적 취향을 반영한 것이라 할 수 있다.
> 그가 이날 입은 전통 한복을 개량한 듯한 검은색 옷도 턱시도 차림의 다른 참가자들 사이에서 눈에 띄었다. (…) 이 옷은 서울 인사동에 있는 옷가게 '니히(NIHEE)'에서 구입한 것으로 전해졌다. (…)

바지를 입어보지도 않고 그냥 가져가셨다"고 전했다. 김기덕 감독이 사간 옷은 윗옷이 140만 원대, 바지가 60만 원대로 도합 가격이 200만 원 정도다. [153]

꼼꼼하게도 작성된 이 기사에는 얼핏 객관적인 사실만 나열된 것 같지만, 의도는 김기덕 감독이 평소에 어떤 사람인지를 만천하에 공개하겠다는 것이다. 이런 기사를 보는 대중들은 "자기도 비싼 옷 입고 다니면서, 자본주의 사회에 대해서 뭐가 그렇게 불만이냐!"는 생각을 자연스럽게 하게 된다. 얼마나 논란이 되었으면, 평소 '기인'의 모습을 비추던 감독이 직접 사과하면서 "1년간 이 옷만 입고 다니겠다!"는 웃지 못할 해명을 해야 했을까? 김기덕 감독의 신발과 옷이 그렇게도 중요한 뉴스거리일까? 만약 언론이 김기덕 감독이 영화 '속'에서 말하고자 하는 '자본주의의 문제'를 더 친절하게 해석해주는 역할을 했다면 우리는 불편함을 '필요한 불편함'으로 받아들였을 것이다. 하지만 이런 식의 보도는 불편함을 짜증으로 귀결되게끔 한다. 김기덕 감독의 영화에 대한 평가가 나라별로 상이한 이유다.

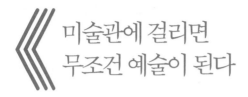

미술관에 걸리면
무조건 예술이 된다

박물관에서는 인류 조상들의 숨결을 느낄 수 있는 수많은 유적들을 만날 수 있다. 토기, 도끼 등은 선조들이 척박한 환경에서도 지혜의 도구들을 이용하면서 삶을 발전시켜나갔음을 증명한다. 어떻게 보면 지금 우리가 사용하는 것들의 '원형'이 박물관에 있다고 봐도 무방하다. 영국의 대영박물관은 어마어마하다. 크기는 물론 신기한 것도 참으로 많다. 세계 곳곳에서 찾아오는 관람객들의 존재는 박물관의 권위를 잘 보여준다. 사람들은 혼잡한 박물관 안에서 마치 약속이라도 한 듯, 비슷한 속도에 비슷한 자세로, 그리고 비슷한 느낌의 얼굴 표정으로 감상을 한다. 이들이 약간 웃음기를 보이더니, 이내 고개를 끄덕이는 유물이 하나 있다.

나는 태어나자마자 속기 시작했다

마치 "우와! 저런 것이 저 당시에도 있었단 말이지!"라고 외치는 것 같다. 그 유물은 아주 오래전, 런던 동쪽에서 발견된 돌조각에 그려진 벽화였다. 작은 돌조각에는 짐승을 사냥하고 이를 옮기기 위해 바퀴가 네 개 달린 큰 바구니를 이용하는 사람의 모습이 그려져 있다. 관람객들이 이 벽화를 보고 순간적으로만 웃었던 이유는 이 바퀴 달린 바구니가 마트에서 사용하는 '카트'와 흡사하기 때문이다. 이 유물을 본 관람객들은 인류가 오래전부터 사냥할 때 '바퀴'를 어떻게 이용했는지를 이해하게 된다. 영국인들은 뿌듯함을 느꼈다. 사냥을 하고 이동의 편리를 위해 도구를 사용하는 범상치 않은 조상들이 있었으니 말이다.

왜 아무도 의심하지 않았을까

하지만 며칠 후 사람들이 깜짝 놀랄 일이 벌어진다. 그 유물은 진짜가 아니었다. 돌조각은 로버트 뱅크시(Robert Banksy, 1974~)라는 예술가가 박물관에 몰래 전시하고 간 것이었다. 그리고 자신의 홈페이지를 통해 이 사실을 알리기 전까지, 무려 8일 동안 관람객은 물론 박물관 관계자들도 이것이 '가짜'임을 알지 못했다. 왜? 아무도 의심하지 않았으니까!

이제는 〈마트에 간 원시인〉이라 불리는 작품(?). 런던 동쪽에서
발견되었다고 소개한 덕분에 8일 동안 모두를 속일 수 있었다
(박물관에서 그 의미를 이해해서인지, 현재도 소장하고 있다).

뱅크시는 다른 곳에서도 실험을 이어갔다. 사람들이 앞다투어
관람하기 바쁜 유명한 미술관(박물관)일수록 뱅크시의 표적이 되
었다. 루브르 박물관을 비롯하여 여러 곳에서 뱅크시는 몰래 접
착제를 이용하여 작품(?)을 붙였고, 사람들은 고상한 표정으로
감상했다. 아무도 '예술 작품이 아니라고' 의심하지 않았다. 왜?
사람들은 박물관이나 미술관 안에 '걸려 있는' 것이 예술이라고
학습받았기 때문이다.

나는 태어나자마자 속기 시작했다

이 작품(?)은 '프시케'라는 이름으로 전시되었다. 오른쪽은 작품의 뒷모습. ⓒ오찬호(2006년 서강대 문화사회학 수업 프로젝트)

나도 같은 실험을 한 적이 있다. 결과는 '미술관의 사회학은 왜 필요한가?'라는 제목의 논문으로 후에 발표했는데 개요는 이렇다. 나와 연구 동료들은 지난 2006년, 시장에서 1만 3700원을 주고 골판지, 헝겊, 휴지, 그리고 가짜 진주 목걸이 등을 구입하여 엉터리 작품을 만들었고 이를 광주 비엔날레 전시장에 반나절 동안 성공리에 부착한 바 있다. 관람객은 물론, 도슨트조차도 이를 의심하진 못했음은 두말하면 잔소리다. 우리는 관람객들에게 인터뷰를 요청했다. 그들은 진지하게 작품의 의미를 설명했다.

누구는 화장지에 세상의 모순을 담은 것 같다고 했고 누구는 화장지를 뽑고 싶은 욕망을 상징한다 했다.

　사람들은 미술관과 박물관이라는 공간을 단순한 전시 공간이 아니라 권력으로 이해하고 있다. 그리고 자신들은 철저히 '을'의 위치를 고수한다. 그래서 '갑', 즉 미술관(박물관)에 대한 절대적이고 무조건적인 신뢰를 보내면서 스스로의 주체적 사고를 포기한다. 고로, 예술 작품에 대한 '순수한' 관람이란 애초에 존재하지 않는다. 개똥이 있어도 예술로 인정할 태세다.

＼ 예술은 느끼는 것이 아닌 각인된 것

우리에게 최소한 미술관 '안'에서의 예술적 인지는 미술관에 오기 이전에 구축된 '예술에 대한' 사회화 과정과 밀접하게 연결되어 있다. 한국에서 예술은 스스로 느끼는 것이 아니라 각인된 것이다. '저게 왜 예술일까?'라고 질문하게 만드는 게 아니라 '저것이 바로 예술이니 눈여겨봐라'고만 가르친다. 예술을 전지전능한 이미지로 기억하는 건 태중에 있을 때부터다. '태교 명화'는 얼핏 아름다워 보이지만, 예술을 순종적으로 인지시키고자 하는 사회적 강박이 그대로 드러나는 거친 단어다. 이후 세상에 태어난 아기는 '명화 퍼즐'부터 '명화와 함께하는 한글(영어) 공부'와 마주

　　　　　　　　나는 태어나자마자 속기 시작했다

한다. 어린이 전용 TV 채널에서도 웬만한 어른도 잘 이해하지 못하는 설명들과 함께 막무가내 그림 소개가 이어진다.

이 단계를 몇 번 거친 후, 범접할 수 없는 '명화들을 모아둔 곳'으로서의 의미를 지니는 '미술관'을 만나는데 처음부터 이 공간은 미술품이 있는 '관'(공간)의 의미를 넘어선다. 엄청난 예술품이 대단한 곳인 만큼 주의 사항도 많다. 학창 시절, 미술관에 처음 가서 듣게 되는 첫마디는 생뚱맞게도 "조용히 하라!"는 것이다. 그다음은 "여기선 이 작품이 제일 유명하다!" 정도다. 스스로 판단? 감히 할 수 없다. 학부모들은 '방학을 맞이한 특별한 기회 - 상상력을 키워주는 미술관 탐방'을 신청한다. 박물관이나 미술관에서 쉽게 볼 수 있는 풍경, 즉 한 명의 어른이 일방적으로 말하고 열댓 명의 학생들이 마냥 받아 적기 바쁜 그 이미지를 떠올리면 된다. 대학에서도 거침없다. 전시회를 '개인 돈으로' 다녀와 그 증거로서 인증샷과 (감상문도 아닌) 전시회 도록을 리포트로 제출하는 강의는 낯선 것도 아니다. 한국에서는 미술관에서 작품들을 '멋대로 해석하라'고 말하는 사람을 살아생전 볼 일이 없다.

우리에게 예술은 '의심할 수 없는' 숭고한 이미지로 강요되었고 미술관은 그 이미지의 저장소였다. 그래서 우리는 '그곳의' 물건들을 예술이 아니라고 차마 의심하지 못한다. 작품 자체의 미학이 아니라 작품이 있는 '공간'이란 껍데기가 우리의 인지를 지

배하기 때문이다. 예술은 사람들 간의 상호작용이다. 그러니 사
회 없이 예술을 논할 수 없다.

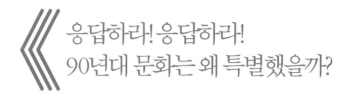

응답하라! 응답하라!
90년대 문화는 왜 특별했을까?

"그냥 내가 좋아서 듣는 거지, 뭐가 그렇게 복잡하냐!"

특정 음악을 흥얼거리는 사람에게, 당신이 그 음악을 듣는 사회적, 역사적, 문화적 이유를 어쩌고저쩌고 따져보면, 십중팔구 이런 짜증 섞인 대답을 듣게 된다. 음악이 '내 귀에' 그렇게 '객관적으로' 좋게 들릴 뿐인데, 자꾸만 사회 어쩌고 이야기를 결부시키면 '밥맛' 취급당하기 딱이다. 하지만 정말로 복잡하게 얽혀 있다면 어쩌겠는가? 누군가의 음악 취향에도 독재정치와 이에 대한 민중의 저항, 그리고 새로운 기술의 등장 등이 뭉쳐져 있다.

지난 2012년, 제작비가 23억 원에 불과한 영화 〈건축학개론〉이 전국 410만 명의 관객을 동원하며 국내 멜로 영화 중 최고의 홍행스코어를 기록할 때, 언론들은 여느 때와는 다르게 영화의 홍행 이유를 분석한다.

"X세대, 추억 속으로, 〈건축학개론〉이 안긴 문화적 충격"(이데일리), "기성세대 된 X세대, 90년대의 추억을 불러내다"(경향신문), "X세대의 추억 매직 행진"(한겨레) 등의 기사 제목에서 알 수 있듯이 이 영화에 대한 홍행은 특정 세대가 특정 시기에 지녔던 '의미'에 대한 호출로 해석되었다. 이는 임재범, 박완규 등 한때는 잘나갔지만 활동이 뜸했던 이들을 화려하게 복귀시키면서 센세이션을 일으켰던 음악 프로 〈나는 가수다〉와 〈불후의 명곡〉, 케이블TV 사상 역대 최고 시청률을 기록했던 〈응답하라 1997〉과 그 이후 〈응답하라 1994〉에 대한 관심(이른바 응사 열풍)과 맞물려서 '다시 부활하는 90년대 문화'라는 사회적 현상으로 이어진다. 예능 프로 〈무한도전〉이 90년대에 활동한 가수를 섭외하고 공연을 하는 '토요일 토요일은 가수다'라는 특집을 몇 주간이나 진행했을 정도니 '90년대 문화'는 대단한 아이콘인 셈이다. 실제로, 90년대 음악만 틀어주는 어떤 술집에서는 손님에게 너무 젊은 세대의 입장을 자제해달라고 요구하기도 한다고 한다.

나는 태어나자마자 속기 시작했다

90년대가 더 호출되는 이유

음악에 국한시켜 논의를 좁혀보자. 90년대가 다시 호출되는 이유는 '복고'의 의미 정도가 아니다. 90년대 음악에 대한 열광은 〈가요무대〉라든지, 〈콘서트 7080〉과는 다르다. 젊은 시절의 추억을 기성세대가 되어 '떠올리는' 낭만 어린 추억 정도가 아니다. 지금으로부터 20여 년이 지나, 〈응답하라 2017〉 같은 프로가 나올 수 있을까?

다른 시대와 달리 90년대가 더 호출되는 이유가 있다. 누구나 질풍노도의 젊음을 사무치게 그리워할 터인데 왜 90년대를 '누렸던' 이들은 유난스러운 걸까?

이를 이해하기 위해서는 60년대 이후, 박정희 군사독재 시절에 음악이 어떤 대우를 받았는지를 살펴볼 필요가 있다. 송화숙의 '박정희, 국가 근대화 프로젝트와 음악'[154]이란 글은 당시 상황을 잘 소개한다. 박정희 정권은 고의적으로 '명랑성'이라는 감정을 강조한다. 명랑하다는 것? 물론 나쁜 것이 아니다. 문제는 '명랑한 음악'이 아니면 검열을 당한다는 것이었다. 박정희 대통령이 직접 작사·작곡했다고 알려진 국민(?) 노래 '새마을 노래'에는 '빠르게', '느리게' 등의 음악적 템포가 아닌, '씩씩하면서도 명랑하게'라는 역동적인 주의 사항이 적혀 있다. 그만큼 조국의 근대화를 위해, 수출 전사가 되기 위해, 어떤 어려움을 겪든

'명랑해야만' 했던 시절이었다. 이 분위기는 센티멘털리즘, 처연함, 애상적인 감정 등을 표현한 음악들의 철퇴로 이어진다. 그래서 누가 들어도 뽕의 느낌이 가득 찬 '트로트'는 한순간에 퇴폐와 저속의 이미지를 대변하게 된다.

음악의 검열이 당연하니 '윤리위원회'란 이름의 검열 기구가 생겨난다. 1965년 발표된 음악 방송에 관한 심의규정을 보면 국가의 존엄과 민족의 긍지를 손상할 우려가 있는 가사와 곡(창법 포함)은 방송하지 아니하고(60조), 건전한 국민 정서의 함양과 명랑한 사회 분위기 조성에 저해가 될 우려가 있는 음악은 방송하지 아니한다. 특히 퇴폐적, 허무적, 염세적 또는 자포자기적인 음악은 금하고(61조), 심지어 음악의 선곡마저 생활시간을 감안한다(62조)고 명시되어 있다. 자포자기적인 음악은 금지하라니? 음악이 자기계발서와 같은 것이란 말인가? 이런 상황에서 다양한 음악이 등장할 수 없다. 어떻게 음악이 균질화되었는지 살펴보자.

송창식의 「왜 불러」는 반말을 한다는 이유로 금지곡이 됐다. 이장희의 「그건 너」는 남에게 책임을 전가한다는 이유에서, 조영남의 「불 꺼진 창」은 창에 불이 꺼졌다는 이유로 금지곡이 됐다. 김추자의 「거짓말이야」는 창법 저속과 불신감 조장이라는 항목으로 금지조치되고, 한대수의 「물 좀 주소」는 노래 제목이 물고문을 연상시킨다는 이유로, 「행복의 나라로」는 '그렇다면 지금은 행복의 나라

나는 태어나자마자 속기 시작했다

가 아니라는 뜻인가'라는 이유로, 양희은의 「이루어질 수 없는 사랑」은 '왜 사랑이 이루어질 수 없느냐, 사랑이 이루어질 수 없다고 강조하면 사회에 우울함과 허무함이 조장된다'라는 이유로, 정미조의 「불꽃」은 공산주의를 상징한다는 이유로, 이금희의 「키다리 미스터 킴」은 '단신인 대통령의 심기를 불편하게 할 수 있다'는 이유로, 배호의 「0시의 이별」은 통금이 있던 시절 '0시에 이별하면 통행금지 위반이다'라는 이유로 금지됐다.[155]

말 그대로 대중음악 잔혹사였다. 음악이 검열되니, 당연히 전체 시장의 파이가 제한적일 수밖에 없다. '무궁화 꽃이 시들어간다'는 표현이 있다고 앨범이 전량 압수당하고 가수는 사상범 취급을 받는 곳에서[156] 음악이 '고만고만한' 수준으로 하향 평준화되는 것은 당연한 일이다.

게다가 당시는 '젊은' 대학생들이 대중음악의 탄압에 관심이 없었다. 군부독재라는 더 중요한 문제가 그들 앞에 있었기 때문이다. 1974년에 있었던 '청년 문화 논쟁'은 이를 잘 보여준다. 이 논쟁은 〈동아일보〉의 기획 기사 "오늘날의 젊은 우상들"(1974. 3. 29.)로부터 출발한다. 기사는 청년 문화를 이끌어가는 6인방(김민기, 양희은, 최인호, 이상용, 이장희, 서봉수)을 소개하면서 이들이 '통 · 블 · 생' 문화(통기타, 블루진-청바지, 생맥주)를 대표하는 청춘의 기수임을 강조했다.

젊음에 대한 조금은 상투적인 내용 정도로 보이는 이 기사에 대한 대학생들의 비판은 대단했다. 서울대 학보는 '도깨비 같은 말'이라면서 '이것이 우리의 갈 길을 더디게 만드는 아무 쓸모없는 것이라면 그러한 피부적 언어는 단호히 박멸해야' 한다고 했고 고려대 학보는 '갈데없는 딴따라 패들을 모아 오늘날의 '젊은 우상'들이라고 격찬하고 청년 문화가 젊은 우상을 창조한다고 과장 선전하는 것은 망언이고 파렴치한 왜곡'이라면서 '그들이 우리의 우상이 되기에는 한마디로 너무 천박'하다는 독설을 날린다. 지금의 양희은을 떠올려보라. 그녀에게 왜곡, 파렴치 등의 이미지를 발견할 수 있는가? 하지만 그때는 가능했다. 당시의 젊은이들에게 '음악'은 사치였다. 정치적 각성이 우선이라고 생각했고 문화적 향유는 부차적이었고 나아가 정치적 목표를 방해하는 요소로 규정될 정도였다. 그래서 음악이 탄압을 받아도 그리 큰 문제를 느끼지 못했다.*

---

*―― 그럼 양희은을 대표하는 노래 '아침이슬'은 어쩌다가 지금의 상징성을 확보할 수 있었을까? '아침이슬'은 1973년 '고운 우리말 상'을 받았다. 그리고 1975년, 별안간 갑자기 '가사 속의 붉은 태양이 북측의 인사를 암시'한다는 이유로 금지곡이 된다. 이때부터 '권력의 탄압, 그리고 자유'라는 지금의 '아침이슬' 이미지가 형성된다. 이 이미지는 '아침이슬'을 문화 자체의 향유로서가 아니라 정치적 행동의 도구로서 적극 활용하는 계기가 되었고 그 덕에 지금도 이 노래는 사랑받고 있다.

나는 태어나자마자 속기 시작했다

자기 검열에 익숙한 세대의 한계

80년대에 들어 대중음악은 70년대에 비하면 영역 확장이 이루어지지만 근본적인 검열의 상황 속에서 여전히 자유롭지 못한 상황이었다. 80년대 초기의 조용필, 그 이후 전영록, 부활 등의 뮤지션이 화려하게 등장했지만 '공포'라는 단어를 사용하지 못해서 만화 〈공포의 외인구단〉을 〈이장호의 외인구단〉으로 바꾸어 개봉해야 했던 당시 일화에서 알 수 있듯이 문화적인 창조성은 여전히 제약 상태였다. 대중들은 통제에 익숙해져서 스스로 검열을 하기에 이른다. 한 시민단체는 '아기공룡 둘리'를 유해 매체로 7년간 선정한다. 이유는, 둘리가 어른 말씀을 잘 듣지 않고 매번 반항적인 모습을 보였기 때문이었다.

문화가 문화 취급을 받지 못했던 상황은 87년 민주화 항쟁 이후 기막힌 반전을 맞이하게 된다. 더 이상 '오직 정치적인 것에만 관심'이라는 패러다임이 설득력을 얻지 못하게 되자, 그 이전까지 '이기심'의 영역에서 해석되던 문화적 향유가 '개성'(개인주의)의 차원으로 이미지 변신을 시도한다. 대학생이라면 그 이전까지는 아무리 '마이클 잭슨'이라도 '몰래 좋아해야만' 했는데 분위기가 바뀌기 시작했다. 음악에 개인의 주관적 의미를 붙이는 자유가 보장될 때, 문화와 개인과의 친밀감은 급상승하게 되고 이것은 문화 저변의 확장을 초래한다. 그 배경 속에서 90년대가 등장한다.

여기에 '테크놀로지의 발전'이라는 시대적 특징이 시너지 효과를 동반한다. 아날로그 시대에서 디지털 시대로 변화하는 지점이라 할 수 있는 90년대는 음악을 접할 수 있는 '기회 자체'가 완전히 달라지는 상황이 등장한다. 집에 한 대 있을까 말까 하는 오디오 기기로 가족 서열에 따라 제한적으로 향유해야만 했던 음악이 '워크맨'이란 기계와 함께 각자 자신의 귀에 이어폰을 꽂을 수 있는 개인적 영역으로 들어오는 놀라운 일이 벌어진다. 음악을 '더' 자주 접할 수 있는 물적 토대가 형성된 것이다. 기술의 발전은 음악의 장르를 넓히는 것에도 직접적인 영향을 끼친다. 피아노와 기타에만 의존하는 단편적인 음악 생산 방식이 더 다양한 사람들을 만족시킬 수 있는 '컴퓨터 음악' 시스템으로 변화하면서 음반 시장의 파이 자체가 이전 시대와는 비교할 수 없을 정도로 넓어진다. 정치적인 것에 밀려 자기 권리조차 찾지 못했던 문화의 전성시대가 도래한 것이다. 문화가 권력이 된 걸 눈치채지 못한 정부가 당대 최고의 가수였던 '서태지와 아이들'의 〈시대유감〉(4집, 1995)이란 노래의 가사 몇 구절이 '느낌이 어둡다'는 이유로 문제 삼았다가 그 역풍에 '공연과 윤리에 관한 사전 심의제'를 폐지해야만 했던 일화는 음악을 바라보는 사회적 시선의 격세지감을 느끼기에 충분하다.

90년대의 문화가 자주 호출되는 이유는 그 당시의 문화를 향유하는 '느낌'이 시대적으로 남달랐기 때문이었다. '젊다'는 것은 생애사적 경험의 순간이고 그래서 '누구나' 같은 시기를 경험하지만 실제 개인이 체감하는 경험의 내용물은 결코 동일하지 않다. 독재, 민주화, 새로운 테크놀로지의 등장 등의 사회적 상황에 따라 개인의 생애사적 체험의 폭이 달라지고 그 과정에서 문화는 다른 맥락을 부여받는다.

7장

'원래 그런' 사람은 없다

습관은 판단을 대신하고 삶은 지속된다.

정희진[157]

'개인'은 근대의 발명품이다.

김찬호[158]

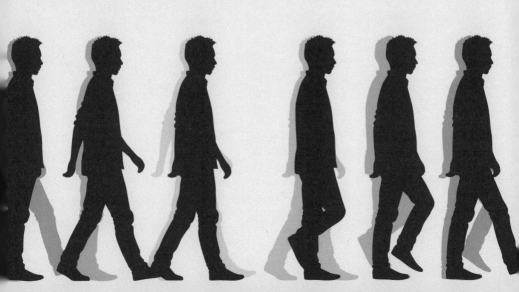

증오로 먹고사는 미디어

"사회가 어떻게 변하든 나랑은 아무런 상관이 없다"고 말하는 사람을 종종 만난다. 주로 정치적 불신에 대한 간접적 표출이지만, 여기에는 사회에 아랑곳없이 자신은 자신의 의지를 일관성 있게 유지하겠다는 의지도 배어 있다. 하지만 대부분의 사람들은 일관적이지 않다. 우유부단해서가 아니라, 사회가 요동치면 자신의 생각도 요동치기 때문이다. 일례로, '세월호 침몰' 같은 참사만 나더라도 그 전과 후로 한 개인이 국가를 신뢰하는 정도가 확 달라진다. 미국의 경우 9·11 테러 이후로 '안보를 위해서 개인의 자유가 제한받을 수 있다'는 주장이 갑작스레 증가했다.

공익이라는 이름의 증오

'미디어의 보도 형태'는 개인의 감정을 좌지우지한다. 언론의 '자극적 보도'는 이를 보는 사람들의 마음을 '자극'한다. 사람들은 연쇄살인이나 성폭행 등과 같은 흉악범의 얼굴을 마스크로 가리는 걸 탐탁지 않게 여긴다. 괴물에게 인권이 왜 필요하냐면서 분노한다. 모두가 인지상정이라 하지만 미디어가 범죄를 다루는 걸 보고 나면 흥분하지 않을 사람이 없다. 한국에서 범죄에 관한 보도는 어떻게든 시청률을, 신문 구독자를, 그리고 네티즌들의 클릭수를 올릴 생각에만 사로잡혀 독자들이 '화가 치밀어' 오를 내용에만 주목한다. 몇 해 전, 초등학교 1학년 학생이 성폭행을 당하자 언론은 "속옷에 묻은 핏자국, A양 것으로 확인", "여자 어린이와 성관계 갖고 싶다는 생각을 자주 했다는 용의자", "처음엔 6학년 언니 노려", "범인은 포르노광이었다" 등의 기사 제목으로 사람들을 자극했다. 개인의 사적이고도 민감한 의료 정보를 공개하는 건 불법이지만 대부분의 언론이 '중요 부위 5cm 찢어졌다' 등의 자극적 제목과 함께 피해자의 상처를 공개했다. 이런 보도 형태는 진보 언론이든 보수 언론이든 똑같다.

그러다가 한 언론사는 피해자의 일기장을 공개하는 만행을 저지르기까지 한다. 가족과 함께 놀았던 시간이 정말 재미있었고 화목했다는 내용이지만 기사 말미에 '그러나 사건 후 아이는 웃

나는 태어나자마자 속기 시작했다

음을 잃었다. ㄱ양은 이날 수술에서 깨어나자 "엄마, 무섭고 아파"라고 하며 펑펑 울었다. ㄱ양의 어머니는 "애가 이렇게 우는 건 처음 본다. 가슴이 무너지는 것 같다"고 말했다'는 문구를 통해 어떤 목적으로 일기장을 공개했는지 분명히 한다. 더 '화'를 내라는 것이다. 이렇게 '착한' 어린이를 성폭행한 그놈에게! 우리는 '흥분하기 위해' 피해자의 사적 정보를 알 권리가 없지만 '대중의 흥분'이 필요한 언론은 막무가내다. 이런 기사에 노출된 이후 대중들은 '흉악범 얼굴 공개'에 압도적인 찬성 의사를 밝힌다 (80% 내외를 보이는 경우가 많은데 인터넷 조사에서는 90%를 넘기도 한다).[159] 이때의 감정을 순수하고 논리적인 것으로 착각하는 사람들이 많다. 이런 분위기에서는 '투석형'도 가능하지 않을까 싶을 정도다. 그러나 어쩌겠는가. 대중이 자극받아 기사를 널리 널리 공유할수록 광고가 늘고, 그렇게 해서 매출을 늘리는 것이 언론사의 속성인 것을. 언론은 대중들의 증오를 부추기는 만행을 '알 권리', '공익을 위해서'라는 말 속에 은폐시켜 버린다.

저널리즘에 충실할수록 경영이 힘든 구조

앞서 말한 보도의 '자극성'은 잔인함만을 의미하지 않는다. 지금의 미디어들은 대중들이 자본주의를 비판할 수 없도록, 나아가 자본주의를 숭고하게 받아들이도록 '유도하는' 보도 형태를 지향한다. 이는 저널리즘으로부터 굉장히 멀어져 있다는 측면에서 충분히 '자극적'이다. 먼저, 언론이 기업의 눈치를 보고 '저널리즘'을 포기하는 경우를 보자. 현대사회에 발생하는 여러 문제들을 파헤치다 보면 십중팔구 그 구조에는 자본주의 사회가 떡하니 버티고 있는 것을 발견하게 된다. 그래서 언론의 비판 정신은 자본주의를 좀 더 세련되게 가꿀 토양을 만드는 역할로 이어져야 한다.

하지만 한국에서 그런 역할을 곧이곧대로 하는 언론사는 없다. 광고주의 외면을 받기 때문이다. 기업은 자신들이 활동하기에 유리한 환경을 원한다. 사람들이 자본주의를 긍정적으로 이해하고 기업을 '프렌들리'하게 받아들일 때, '비용 절감, 이윤 증가'라는 목표를 더욱 공격적으로 추진할 수 있기 때문이다. 그런 정서를 '해치는'(?) 언론에게 굳이 돈을 쥐여줄 필요성을 못 느낀다. 그래서 광고비 지출을 조절해나가면서 언론을 길들인다. 결과적으로 한국 언론은 저널리즘에 충실할수록 경영 성과가 엉망이 되는 구조를 갖게 되었다. 일본에서 '원자력'에 대한 광고 이미지가 얼마나 우호적이었는지를 파헤친 책 『원자력 프로파간다: 위험하고 사악한, 그러나 가장 성공했던 광고 전략』의 저자 혼마 류(本間竜)는 이를 '미디어의 자기모순'이라 표현한다.

신문이나 잡지의 경우 흥미로운 기사나 특종을 내보내면 독자가 늘고 부수도 증가합니다. 그러면 여러 광고주에게 '잘 팔리는 매체'로 인식되어 광고가 늘어납니다. 이것이 하나의 사이클이 되어 그 매체는 점점 규모를 확대해갑니다. 그런데 어느 정도 규모가 커지면 이번에는 광고 예산이 비대해져 거대 광고주에 대한 의존도가 높아집니다. 그렇게 되면 광고주 측이 의식하지 않음에도 불구하고 매체가 자기 뜻대로 광고주에 부정적인 기사를 흘려보내지 못하는 '자체적 규제'가 시작됩니다.[160]

뉴스가 사라진 뉴스

저널리즘 정신이 사라지니, 뉴스에 '새로운 것들'(new+s)이[161] 존재할 리 없다. 봄이 되면 '날이 따뜻해졌다'를 제일 먼저 보도하고, 여름에는 '열대야가 대단하다'는 소식이 굵직한 시사 이슈보다 먼저 나온다. 토요일에는 나들이 가는 차들이 서울을 빠져나간다고, 일요일에는 그 차들이 다시 돌아오는 걸 취재한다. 동물원의 기린이 새끼를 낳으면 특종이라면서 보도한다. 이런 뉴스를 다루느라 정말로 중요하게 논의되어야 할 사회문제들은 대중의 관심에서 사라진다. 괜히 긁어 부스럼 만들지 않기 위한 언론의 태도는 놀라 자빠질 만한 것들을 보도하는 수준에 이르기도 한다. 비 오는 날 잘 팔리는 빵이 무엇인지, 윷놀이에서 '모' 나오게 하는 방법이 무엇인지를 알려주는 뉴스 등은 그 사실 유무를 떠나 '뉴스의 소재'가 될 수 없다. 그런데 이것만으로는 광고주에게 호감을 얻기 힘드니 한발 더 다가선다. 언론은 비판적 보도를 포기한 걸 넘어, 기업을 숭배하기에 이른다. 『원자력 프로파간다』의 저자 혼마 류는 2011년 후쿠시마 원자력 발전소 사고 이전까지 일본에 원전에 관한 '안전 신화'가 만연했다는 사실을 지적한다. 일본의 9개 원전 회사는 1970년대 이후 30여 년 동안 무려 2조 4000억 엔이라는(약 24조 원) 거액의 광고비를 사용했다.[162] 원전 회사와 광고를 맺느냐 마느냐가 언론의 생사가 되어버리자 처음에는 '원전'에 관한 비판적 태도를 삼가던 수준의 기사가 '왜 원전이 필요할 수밖에 없는지'를 증명하는 것으로 진화한다. '자체적 규제'가 '능동적 아부'로 발전한다. 한국의 언론이 '삼성을 대하는 태도'에서도 같은 일이 벌어진다. 이재용 삼성전자 부회장이 프로필 사진을 교체한 걸 보도하는 지경이다. 문제는 그러다가 판타지 소설이 기사로 둔갑한다는 것이다. 이건희 회장이 쓰러져서 입원했을 때, 삼성라이온즈 이승엽 선수가 야구 경기에서 홈런을 치는 순간 '눈을 번쩍 떴다가 감았다'는 내용의 기사가 진보 언론을 자처하는 〈한겨레〉에까지 실렸다. 재벌 총수를 향한 운동선수의 '쾌차 기원' 메시지까지 보도할 만큼 언론은 망가졌다. 한국 사회 안의 '삼성' 이미지는 이러한 한국 언론의

나는 태어나자마자 속기 시작했다

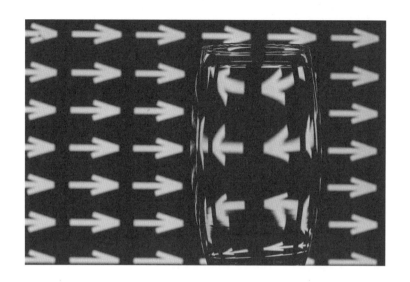

"나는 미디어가 잘못됐다는 걸 잘 알아.
내 생각은 논리적이고 순수한 것이니까."

보도 형태와 결코 무관하지 않다.

> 이날 이 회장을 문병 간 이재용 부회장 등 온 가족이 병실에서 텔레
> 비전으로 삼성 경기를 보고 있었는데, 이 회장이 '이승엽 홈런!'이
> 라는 중계 캐스터의 말에 눈을 크게 번쩍 떴다가 감았다고 삼성 구
> 단 쪽은 전했다. 구단 관계자는 "이건희 회장이 평소 야구단과 이승
> 엽 선수를 많이 아꼈는데 무의식중에 반응을 보이신 것 같다. 이재
> 용 부회장이 측근을 통해 선수단에 고맙고 감사하다는 뜻을 전해왔
> 다"고 밝혔다. 이승엽은 "이런 얘기를 들으니 굉장히 행복하다. 빨
> 리 쾌차하셨으면 좋겠다"고 말했다.[163]

'미디어'가 현대사회에서 중요하지 않다고 말하는 사람은 없
다. 게이트키핑, 아젠다세팅, 프레이밍 이론 등의 이해도 빠르다.
적용할 사례가 무궁무진하기 때문일 게다. 하지만 자신이 '미디
어의 홍수'에서 과연 자유로울 수 있는지를 물어보아야 한다. 대
다수의 사람들이 타인의 성향을 '잘못된 미디어에 노출된 사례'
라 지적하면서 자신의 생각은 굉장히 논리적이고 순수한 것이라
고 착각한다. 미디어는 사람 가려서 접근하지 않는다. 그러니 미
디어에 지배당하지 않을 개인이 되기 위한 노력도 중요하지만
미디어가 저널리즘 정신을 잃지 않도록 늘 감시해야 한다.

이기심을 권장합니다

'사회를 보는 눈'은 개인의 생각과 행동이 사회와 어떻게 연결되어 있는지를 발견하는 '눈'을 의미한다. 이런 시야는 상식에 어긋나는 일이 발생했을 때, 그 문제의 근본적 지점을 찾아준다. 제대로 된 원인을 발견하여 해결책을 찾으면 문제의 재발 가능성은 확연히 낮아진다. 이를 위해 나의 '본성'이 도대체 어떤 시대의 산물인지를 추론하는 것이 중요하다.

우리는 '근대 이후'를 살고 있다. 이성과 과학이 중요시되고 자본주의와 민주주의가 토대를 갖추게 되는 사회적 분위기는 사람이 '생각하는 것'의 근본적인 틀을 바꾸었다. 과거와의 가장 큰 차이점은 바로 '이기심'의 사회적 권장이라 할 수 있다.

이기심을 부추기는 자본주의

자본주의 경제체제는 개인의 이기심이 없으면 생존이 불가능한 구조로 짜여 있다.

이 달라진 시대정신으로 돌아가는 세상을 처음으로 짚어낸 사람이 바로 현대 경제학의 아버지인 애덤 스미스(Adam Smith)다. 그는 『국부론』에서 "우리가 저녁 식사를 할 수 있는 것은 푸줏간 주인이나 양조장 주인, 그리고 빵을 만드는 이의 자비심이 아니라 이윤을 추구하고자 하는 그들의 이기심 때문이다"라는 명언을 남겼는데 이는 사람들이 일상을 살아가는 '이유'가 확연히 달라졌음을 표현한 것이었다.

이기심으로 무장한 인간은 기존의 공간에서만 자신들의 욕망을 펼치기에는 한계가 있었다. 그래서 범위를 확장한다. 그때부터 사람들은 자연에 대한 기존의 패러다임을 수정한다. 이제 자연은 '함께 살아가는 공간'이 아니라 '지배하는' 그래서 '인간을 위해서 사용되어야 하는' 자원이 된다. 유럽인들이 알프스를 '거대한 산맥'으로서만이 아닌 '등산하고픈' 하나의 풍경으로 감상하기 시작한 것도 이때부터였다.[164] 상상을 초월하는 자연 훼손도 이때부터 시작되었다. 자연뿐만이 아니라 동물들 특히 인간과 직접적인 관계를 맺는 가축들에 대한 통제는 완전히 달라졌다. 단지 생산성이 좋다는 이유로 닭, 소, 돼지를 좁은 우리에 가두어

놓고 움직이지도 못하게 하는 발상은 근대 이후의 정서가 현대에 와서 진화한 결과다. 가축에 대한 인간의 보편적 이기심을 확인하는 건 어렵지 않다. '공장식 가축 사육'을 보자. 사람들은 소고기의 '마블링'이 선명할수록 좋은 고기라 생각한다. 그러나 '마블링이 좋은 건', 살을 찌우기 위해 억지로 초식동물인 소에게 곡물 사료인 옥수수를 먹인 결과다. 좁은 데 가두어놓고 조금이라도 덜 움직이게 한다. 밀집 사육으로 병에 걸릴 위험이 높으니 항생제 주사를 맞는다. 그래서 소도 아프고, 그런 소를 먹는 사람도 아프다. 그나마 소는 환경이 나은 편이다. 돼지는 '스톨'이란 철제 우리에 갇혀 평생 '뒤돌아보지도 못한 채' 자라고 닭은 A4 용지보다 작은 공간에서 생활한다. 그러니 병이라도 나면 전염되는 개체 수도 많고 속도도 빠르다. 이럴 경우, 인근의 가축까지 살처분해야 하는데 '죽인 다음 처분할' 시간이 없다. 그래서 생매장한다. 이런 이야기들이 알려져도 사회적으로 별다른 반향이 일어나지 않는다. 사람들은 "답답하면 알아서 풀 먹인 소 찾아 먹든지 해라"는 식으로 오히려 문제 제기한 사람을 무안케 한다. 조금 예의를 차려도, "안 먹을 수도 없는데 그런 식으로 생산하지 않으면 가격이 너무 비싸지지 않겠는가"라는 정도다. 자연, 나아가 동물들을 대하는 이런 지배적 태도의 등장은 그리 오래된 것이 아니다. 인간의 이기심을 부추기는 자본주의 사회에서 당연시되었을 뿐이다.

언제부터 인간은 시간에 구속되어 살았을까?

'시간에 대한 구속성' 역시 달라진 인간의 특징이다. 이기심으로 무장한 인간은 과거에 비해 하는 일이 많아졌다. 그래서 어떤 일을 언제 하는가가 중요해졌다. 근대 이후 개인의 삶은 종교 행사와 농사 과정에 따라 시간을 구분하던 수준을 벗어났다. 노동과 여가가 정확하게 구분되는 사회에서 개인은 시간에 자신을 철저히 맞춰야 했다.[165]

근대의 시간은 자연의 변화나 생리적 욕구에 따라 몸이 움직이는 것을 허락하지 않았다. 사람들은 무표정한 시계 소리에 잠을 깨야만 했다. 석양의 지는 해와 더불어 일을 마무리하는 것이 아니라, 정해진 시간이 되어야 일을 끝낼 수 있었고, 비가 온다고 쉬는 것이 아니라, 정해진 날에만 쉴 수 있었다. 배가 고프다고 밥을 먹는 것은 근대의 시간이 바라는 바가 아니었다. 졸리다고 자는 것 역시 용납되지 않았다. 밥은 식사 시간이 되어야 먹을 수 있었고, 잠 역시 자야 할 시간이 되어야 청할 수 있었다.[166]

이런 시간관을 가진 사람이 굳이 그런 강박이 필요 없었던 사회에서 살게 되면 혼란을 겪는다. 자신이 1890년에 조선을 여행한 것을 기록한 『고요한 아침의 나라 조선』의 저자 아놀드 새비

나는 태어나자마자 속기 시작했다

지 랜더(Arnold H. Savage Landor)가 그랬다. 영국인이었던 그의 눈에는 조선 사람들이 '매우 불규칙하게 생활하는 사람'으로 보였다. 산업혁명 이후, 번성을 거듭한 나라에서 살던 그의 눈에 조선 사람들이 시간 개념 없는 게으른 사람들로 보이는 건 당연했다. 물론, 당시의 조선은 영국인만큼 '규칙적'일 필요가 없었다.[167] '규칙적'이어야 하는 세상에서 인간은 자신을 중심에 놓고 노동을 하는 것이 아니라, 시간에 맞추어 자신을 맞추어야만 했다. 찰리 채플린의 명작 〈모던 타임즈〉(Modern Times, 1936)는 그런 각박함을 표현한 영화다. 엄청난 경제성장을 하던 1900년대 초반, 공장에서 일하는 노동자는 컨베이어 벨트가 '움직이는 시간'에는 자기를 괴롭히는 파리 하나 마음껏 쫓아내지 못한다. 영화의 감독인 채플린은 이런 공장에 '제때' 출근하는 노동자들을 그저 시간이 되면 초원으로 달려가는 '목장의 양 떼'로 묘사하는 장면을 도입 부분에 삽입하여 '시간에 구속된' 인간의 삶이 얼마나 허무한지를 노골적으로 묘사한다(그래서 그는 자본가들의 분노를 자아냈고 그 여파로 추후에 미국에서 추방까지 당한다). 채플린의 시대 비판은 '지금도' 유효하다. 우리는 어릴 때부터 '시간 관리'를 굉장히 중요한 덕목으로 배우고, 그래서 하루를 촘촘한 계획 속에 살면 뿌듯함을 느끼고 아무런 계획 없이 시간을 보내는 걸 '낭비'라고 이해한다.

근대적 인간의 탄생

근대 이후의 개인이 꼭 '나쁜' 가치관으로 무장한 것은 아니다. 인간의 이기심은 '신(神) 중심의 세계관'을 의심하는 물꼬를 틀었고 그렇게 형성된 이성적 사고는 '과학'의 놀라운 발전을 이룩했다.

또한 의료 기술의 발전이 인류에게 끼친 영향은 가히 획기적이다. 이것은 단순히 '사람들의 평균 수명이 늘어났다'는 측면만을 의미하지 않는다. 수명의 연장은 사람들에게 '미래에 대한 계획'을 수립할 타당한 이유를 제공한다. 그래서 이전까지는 '언제 죽을지 모르니' 하루라도 빨리 '부려먹어야 하는' 아이들을 바라보는 시선이 달라진다. '지금은 공부를 하는 것'이 미래에 훨씬 더 큰 부가가치를 창출한다는 것을 알았기 때문이다. 그래서 부모가 열 살짜리 자녀에게 일을 '시키지 않은 것'이 이상한 시대에서 학교에 보내지 않고 일을 '시키는 것'이 이상한 시대가 된 것이다. 기술의 혁신이 없었다면 불가능한 일이다.

평등의 정서는 어떤 곳에서는 순식간에 어그러지기도 한다. 탐욕의 정신이 고삐가 풀리니 자신을 '왕'이라고 생각하는 사람이 등장한다. 모든 사람들은 평등하지만, '손님'은 다른 사람들보다 '더욱' 평등하다고* 생각하는 사람을 만나는 건 어렵지 않다. 이들은 자신이 '돈을 냈으니' 서비스를 무한대로 받을 수 있다고

나는 태어나자마자 속기 시작했다

'진짜로' 믿고 있다. 그래서 별것도 아닌 일에도 '무시당했다'고 느낀다. 그리고 이에 대한 시정을 요구하는 것을 자신의 권리라고 믿는다. 진상 손님은 태어날 때부터 그랬던 것이 아니다. 어떤 사회에 길들여졌을 뿐이다.

* —— 조지 오웰(George Orwell)이 『동물농장』에서 표현한 "모든 동물은 평등하다. 그러나 어떤 동물은 다른 동물보다 더욱 평등하다"는 구절을 응용했다.

남자답다는 것,
여자답다는 것

'Uniformity'라는 말이 있다. 단어의 원래 뜻은 획일, 일치, 통일, 일률 등의 의미가 있다. 단체 의상을 뜻하는 '유니폼' 역시 같은 뜻에서 비롯되었다. 이 개념은 특정 사회에서 특정 가치를 강요받는 개인을 설명할 때 적절하게 사용된다. 개인의 생애는 이런 유니폼을 적절한 시기에 입으면서 지나간다. 누구든 '학생다운' 유니폼을, '어른다운' 유니폼을, '부모다운' 유니폼을, '시민다운' 유니폼을 입어야 하는 상황과 마주한다. 이 유니폼은 '사회마다' 스타일이 다르다. 한국에서 부모 유니폼을 입게 되면 다섯 살 아이에게 사교육을 시키는 것이 어렵지 않다. 그걸 부모 역할로 알기 때문이다. 모름지기 '부모라면' 그렇게 해야 되는 줄 알지만,

나는 태어나자마자 속기 시작했다

조금만 눈을 다른 곳으로 돌려보면 '같은' 부모 유니폼을 입고 있지만 '다른' 부모들이 많다는 걸 알 수 있다.

강한 남자라는 유니폼

또 한국인이 강요받는 유니폼 중 참으로 독보적인 것이 있다. 바로 '남자다운' 유니폼과 '여자다운' 유니폼이다. 세계 어딜 가도 있는 유니폼이지만 한국은 그 면모가 매우 독특하다. 물론 문제가 많다.

"무슨 남자가 그래?", "남자는 그럴 때 화내는 거 아니다" 등의 말은 한국 사회에서 자신이 내뱉거나 혹은 듣거나 하는 일상적인 언어다. 그만큼 남성의 행동을 규격화하고 있다. 나아가 이 유니폼의 특징은 '강함'이고 '약해서는 안 되는 것'이다. 그래서 늘 대범해야 하고 사소한 것에 반응해서는 안 된다. 그건 '진짜' 사나이가 아니다. 이 사나이의 유니폼을 입고 살아가는 게 쉬운 일이 아니다.

'사나이'에는 한국 사회가 남자에게 바라는 이데올로기적 의미들이 덕지덕지 붙어 있다. 그 의미들이란 대개 금지의 형태를 띤다. '사나이는 울지 않는다', '사나이가 겁을 내느냐', '사나이가 큰 뜻을 품어야지 이게 뭐냐' 등 (…) 어느 나라나 남녀에게 다르게 배정되는 문화적 요구들은 있다. 한국의 경우, 그것은 지나치게 분명하고 때때로 과도하다. '사나이'라는 그럴싸한 단어에 주렁주렁 매달려 있는 금지의 언명들 속에서 한국 남자들은 어려서부터 어떤 의무감 같은 것을 안고 살아간다. 눈물을 참으며 감정을 억제하는 일부터 가정을 유지하기 위해 돈을 벌고 나아가 국가를 지키는 일까지, 한국 남자에게는 의무들의 암묵적 리스트가 있다. 하나라도 이를 제대로 수행 못 할 경우 그는 '사나이 이름에 먹칠을 한 죄'로 욕을 먹을 수도 있다.[168]

'사나이'란 유니폼은 남자들에게 선택 사항이 아니었다. 남성들은 이러한 사회의 요구에 제대하면서 벗어야 할 '군대 유니폼'을 그대로 입고 생활하면서 적응했다. 그때부터, 한국에서 '남성답다는 것'은 단순히 '강해야 함'을 넘어서 군인 정신으로 일상을 살아갈 수 있는지를 뜻하게 되었다. 군인 정신으로 무장한 남성들이 일상에서 늘어나면 '진짜 사나이'가 보여줘야 할 사나이다움은 더 거대해진다. 별수 없이 누구나 군인 정신으로 무장하지 않고서는 버틸 재간이 없는 상황이 도래한다. 그렇게 돌고 돌아 지금의 '한국 남성'이 탄생했다.

한국의 역사는 남자의 남성성을 장려했다. 일제는 1923년부터 '교련' 과목을 의무화했다. 당연히 군사 동원이 목적이었다. 그리

나는 태어나자마자 속기 시작했다

고 박정희 정권 역시 1969년 교련을 고교 필수과목으로 지정한
다. 왜 그랬을까? 단순히 전쟁을 대비해서일까? 아니다. 학교에
서 '총 쏘는 법'을 가르치는 이유는 '일상의 병영화'가 압축적 경
제성장 과정에서 굉장히 중요했기 때문이다. 정치적으로 정당성
이 없는 박정희 정권이 이를 뒤엎을 수 있는 카드는 '경제성장'
뿐이었다. 다른 나라가 200년에 걸쳐서 한 일을 단기간에 가시
적으로 이뤄내기 위해서는 그저 '성실한 사람' 정도로는 불가능
했다. '전사'가 필요했다. 시키는 것은 반드시 다 하고, 시키지 않
은 것도 찾아서 할 사람, 그리고 이런 고생을 고생이라고 말하지
않는 사람 말이다. 그러니 고등학생들을 군인 정신으로 무장시
킨다. 졸업과 동시에 훌륭한 '산업전사'가 되어야 하기 때문이다.
그렇기에 일상은 병영화되어야 한다. 이런 정서는 1980년대 '진
보'라는 이름으로 군부독재 타도를 외치던 대학 운동권 안에서
도 마찬가지였다. 『대한민국은 군대다』의 저자 권인숙 교수는 이
렇게 말한다.

> 그 당시 학생운동은 군사독재에 반대하고 민주화를 위하여 싸웠지
> 만, 내적으로는 상당한 권위주의와 위계적 문화가 자리 잡혀 있었
> 다. 시위를 폭력적으로 진행시킬 필요가 있는지 묻는 것조차도 허
> 락되지 않은 듯한 분위기였다. 모든 측면에서 권위 파괴적인 다른
> 나라의 학생운동과는 달리 애국과 민족은 재고의 여지가 없는 절대

선으로 상식화되어 있다. 각종 시위에서 성별 분업이 있었고, 여성 활동가들은 1980년대 내내 여성문제를 제기하지 않는 것을 미덕으로 여겼었다.[169]

군대가 아닌 곳에까지 '군인정신'이 침투하니, 한국에서는 "여기가 군대야?"라고 물을 만한 상황이 무수히 발생한다. 한국은 가정, 학교, 일터에서 군대에서나 통할 법한 수직적 서열 관계가 너무나 명료하게 형성되어 있고 그런 구조는 '윗사람'(부모, 교사, 상사)에게는 권위주의를 '아랫사람'(자녀, 학생, 부하)에게는 복종과 체념을 자연스럽게 유도하기 때문에 비상식적인 일들이 빈번할 수밖에 없다. 게다가 이런 모순을 '참고 극복하는 것'이 미담이 되어버리기에, 문제는 개선되지 않는다. 오히려 단기간 경제성장에 성공하면서 '군인정신'은 '사회생활 좀 하려면' 반드시 갖추어야 할 정서가 되었다(이순신 정신도 이런 배경이 있었기에 가능했고, 또한 이를 확장시키는 좋은 수단이었다).

사회적으로 이런 '강한' 남성성이 하나의 도덕성을 확보하게 되자 학생들이 '창의적 체험 활동'이라면서 해병대 체험 캠프에 가는 촌극이 벌어진다. 한국에서 병영 체험 시장은 그 규모가 연간 9조 원에 달할 정도로 엄청나다. '병영 체험'이 자신의 강인함을 드러내는 '스펙'이 되기 때문이다.

나는 태어나자마자 속기 시작했다

자기만족은 자기 감시의 다른 말

그렇다면 '여자다운' 유니폼은 어떤 것일까? 여러 것들이 있겠지만 누구도 피해갈 수 없는 단 하나를 꼽으라면 '여자라면 외모에 신경 써야 한다'는 유니폼이다. 한국이 '세계 성형수술의 수도'[170]인 것이 이를 증명한다. 놀랄 일도 아니지만 한국은 인구대비 성형수술 횟수가 세계 1위다(2011년 기준, 총 65만 건이 이루어졌는데 이를 인구 1000명당 기준으로 계산하면 13건이 넘는 수치다).[171] 한국갤럽의 2015년 조사에 따르면 전체 여성 중 14% 정도가 성형수술을 받은 적이 있다고 응답했다. 1994년에는 4%, 2004년에는 9% 정도이니 꾸준히 증가하고 있다고 봐도 무방하다. 특히 20대 여성(31%), 30대 여성(16%)은 그 수치가 더 높았다. 그리고 20대 여성의 44%, 30대 여성의 36%가 성형수술을 고려한 적이 있다고 답했다.[172] 이제 '성형'은 매우 자연스러워졌다.*

이런 변화를 '개인의 자기결정권'이 증가했기 때문이라고 해석할 수도 있다. 개인의 권리가 과거보다 늘어났다는 분명한 사

---

*—— 물론 최근에는 남성도 '외모로부터' 자유롭지 못한 분위기다. 하지만 개인이 받는 '사회적 압박감'이 훨씬 큰 쪽은 단연코 여성이다. 한국갤럽의 조사에 따르면 남성의 성형수술 경험은 1994년 0.1%에서 2004년 1%로 10배 증가했지만, 그 이후 별다른 증가 없이 2015년도에도 1%를 유지하고 있다.

실이 있기에 이런 설명이 완전히 틀린 것은 아니다. 하지만 한국의 '성형 열풍'을 단순히 '아름다워지고 싶어 하는 개인들이 늘어났다'는 식으로 순진하게 설명하긴 어렵다. 불안하지 않으면 했겠는가. 수술을 통해 외모를 '업그레이드'하지 않으면 사회생활이 쉽지 않을 거라는 불안감 말이다.

그러니 성형 열풍은 '자기결정권의 증가'가 아닌 '사회적 예속의 증가'가 원인이다. 만약 자기결정권이 증가되었다면 성형수술도 다양한 개성을 드러내는 형태여야 한다. 과연 그런가? 박노자는 『당신들의 대한민국』에서 이를 '예뻐지고 싶다는 말을 사회과학 쪽으로 해석한다면 서구 중심의 세계 체계와 지역적인 대리인들이 표준으로 삼는 신체 모델에 내 몸을 무조건 맞추려는 체제에 순치된 욕망을 의미하는 것'[173]에 불과하다고 일침을 가한다. '얼굴이 비슷해지는' 사람이 많아지는 상황을 어찌 '자유'의 개념으로 해석할 수 있겠는가. 많은 이들이 '자기만족'이라면서 애써 정당화를 하려고 하지만 거짓말도 이런 거짓말이 없다. 차라리 '직업에는 귀천이 없다', '행복의 가치를 돈으로 판단할 수 없다'는 말을 믿겠다. '타인의 품평'이 있었기에 변화를 선택했고 또 부러움을 표출한 '타인의 시각'이 있었기에 변화의 결과에 만족할 수 있었던 것 아닐까. 그러니 여기서의 '자기만족'은 '자기감시'의 다른 말일 뿐이다.[174]

나는 태어나자마자 속기 시작했다

외모 관리가 곧 '도덕'인 사회

'아름다워지고 싶다'는 것을 그저 개인의 욕망으로 해석할 수 없는 또 다른 이유는 외모에 별 관심이 없는 사람들조차도 이 분위기에 '강박'을 갖게 된다는 것이다. 만약 순수한 '나만의 욕망' 때문이라면, 남들이 뭐라 한들(하지 않은들) 관심을 끄면 된다. 하지만 한국에서는 '여성이라면' 추구해야 하는 '의무'로 규정된다. 여성들을 상대로 수십만 부의 판매를 기록한 자기계발서들에는 "여자들 중 구제가 안 될 정도로 못생긴 사람은 없다", "코가 마음에 안 들면 수술해라" 등의 지침들로 가득하다.

현대사회에서, 특히 한국에서 '외모 관리'는 외부로부터 강요되는 유니폼 수준이 아니라 '태어날 때부터' 몸에 달라붙어 있는 본능 수준이 되어버렸다. 외모 관리가 곧 '도덕'이 된 셈이다.[175] 그러니 관리하지 않은 사람들은 '자기 관리가 부족한 게으른' 이미지를 얻는다.[176] 본인은 자신의 일상에 충실하게 살고 있어도 외모 때문에 '뒤처지고 있다'는 느낌을 받는 사람들이 많은 이유다. '성형하고 싶다'가 아니라, '성형 안 하면 끝장이다'라는 공포가 퍼지니 관련 시장은 커질 수밖에 없다. 이와 비례하여 일상에서 '외모에 대한 차별'은 면죄부를 얻게 된다. '억울하면 수술하는 게' 방법이 되었기 때문이다.

이런 유니폼은 한국 사회가 오랫동안 강요한 '여자다움'의 결과다. 지금껏 여성들은 어떤 모습을 강요받았는가? '암탉이 울면 집안이 망한다'는 헛소리는 과연 현대사회에서 기각되었을까? 아빠는 출근할 때, 엄마는 안아줄 때 뽀뽀해준다는 이미지는 고전에 불과한 것일까? 성별 불평등에 화내는 사람들도 일상에서는 자신의 딸을 보고 "여자아이가 왜 이러냐?", "선머슴 같아"라는 말을 하는 것에 일말의 부자연스러움도 느끼지 않는다. 오늘날에도 TV를 틀면, '천생 여자', '여인의 도리'와 같은 성 역할의 고정관념을 조장하는 구태의연한 자막들이 넘쳐난다.[177] 이런 분위기에서 한국의 여성들은 철저히 '수동적 존재'로 성장하면서 남성에게 의지하니 남자다움은 더 강해진다. 결과적으로 사회 전반적인 분위기가 남성적 시각으로 물들게 되니 여기에 맞추기 위해 여성들은 '더' 여성스러워진다. "여성들은 아주 오랫동안 남성들이 사랑하고 칭하는 대상(object)으로 살아왔기 때문에, 자신의 욕망보다는 자신을 보호해줄 수 있는 남성의 얄팍한 욕망에 자신을 맞추는 태도에서 벗어나지 못하는 고질적인 문제"[178]에서 벗어날 수 없다.

점점 진화하는 외모 차별

인류의 역사를 아주 크게 놓고 본다면 모든 차별들은 '과거에 비

나는 태어나자마자 속기 시작했다

해' 현저히 줄어들고 있다. 그런데 외모에 관한 차별은 새롭게 인정(?)받고 있다. 칼럼니스트 박권일은 이렇게 말한다. "인종차별이나 성차별은 진지하게 논의되며, 때로 제도적 수단을 통해 제재받기도 한다. 그러나 외모 차별은 다른 차별 못지않게 만연해 있음에도 상대적으로 무시되거나 당연시되곤 한다."[179] 그래서 이제는 '외모를 가지고 차별'하는 것이 당당한 방송의 소재가 된다.

> 〈개그콘서트〉의 '견뎌'라는 코너를 보게 되었다. 남자가 소개팅에 나왔는데, 기대와 달리 뚱뚱한 여자가 들어온다. 남자는 화를 견디려 노력하다가 결국 폭발하고야 만다. 이 여자가 자신을 소중하게, 예쁘게 여기면서, 남자가 맘에 안 든다고 선언하며 나가버리기 때문이다. 관객들은 남자가 화를 낼 때마다 폭소를 터트린다. 그의 심정에 공감하기 때문일 것이다. 이 코너를 보며 얼굴이 달아올랐다. 뚱뚱한 여자가 자신의 '분수'를 모를 때 분노하는 건 당연하다는 공감대에, 이 여자를 타자화시키면서 웃음을 찾는 개그맨과 관객의 폭력적 감수성에 놀랄 수밖에 없었다.[180]

이렇게 '놀림'의 대상이 되어버린 사람들 중 최강자(?)를 뽑아서 무료로 성형수술을 시켜주는 방송 프로그램까지 등장했다. 이런 방송들은 표면적으로는 도움이 필요한 환자에게 의료적 도움을 주어 삶의 질을 개선한다는 '휴먼 스토리'를 지향한다. 하지만 이런 방송에 나온 사람들은 '치료 수준'이 아니라 영화 〈페이스 오프〉(face off, 1997)에서 두 주인공이 서로를 완전 바꾸는 수준의 성형수술을 받는다. 이 엄청난 간격(Before-After)은 기존의 '여성 유니폼'을 더 활성화시킬 수밖에 없다. 사람들은 그런 방송을 통해 '구제받은 누군가'에 동화되는 것이 아니라, 그녀를 구제한 '대단한' 성형수술에 감탄할 뿐이다. 성형외과의 문을 두드리는 가능성은 그만큼 높아진다. 더 큰 문제는 방송이 극적인 효과를 위해 'Before', 즉 외모 결핍이 어떤 사회적 차별을 받는지를 적나라하게 보여준다는 것이다. 그래서 예쁘지는 않았지만 당당하게 살아왔던 많은 이들은 방송을 보면 '아, 내 외모도 저런 놀림의 대상 아니었을까?'라면서 주눅이 든다. 그 순간, 대한민국의 모든 여성들이 성형외과의 '잠재적 환자'가 되어버린다. 방송은 천명한다. 억울하면 고쳐라!

여성들에게 '외모'에 관한 강박적인 유니폼을 입히는 사회는 그만큼 공정하지 못하다는 증거다. 사회가 비정상적이고 이것이 전혀 해결되고 있지 않으니[181] 개인들은 '살기 위해서' 나름의 선택을 할 뿐이다. 그것이 모여 '성형수술 시장'은 무분별하게 커졌고 폭발적인 수요에 비해 공급이 '전문적으로' 따라가지 못하니 성형수술 도중에 사망하는 사건이 빈번히 발생한다. 이것은 예기치 않은 의료사고가 아니라, '성형'이 최고의 졸업 및 입학

나는 태어나자마자 속기 시작했다

선물이 된 나라 '안'의 욕망이 빚어낸 참사일 뿐이다.

{8장}

그럼 어떻게 해야
하는가?

'모두'가 사회에 관심을 갖고 열심히 고민한다고 해서 그저 자
동적으로 '좋은 사회'가 완성되는 것은 아니다.

후루이치 노리토시(古市憲壽)[182]

아이러니하게도 현대 생활이 점점 더 어렵고 복잡해질수록 터
무니없을 정도로 단순화된 생각을 추구하는 우리의 욕구는 점
점 더 강해지고 있다.

스티븐 브라이어스(Stephen Briers)[183]

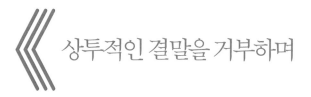

상투적인 결말을 거부하며

사회를 논하는 책들의 결말은 굉장히 상투적이다. 신나게 사회를 비판한 다음, 문제들을 단번에 해결할 비법을 결말에서 제안하는 경우가 많다. 하지만 단번에 해결할 문제였다면 어찌 사회문제라고 할 수 있겠는가. 그러니 김빠진 결론이 많다. 특히, 새로운 대안을 제시하는 경우가 그렇다. 경쟁 위주의 학교교육을 비판한후 '경쟁이 없는 대안학교'를 제시하면 되는 걸까? 마찬가지로 자본주의의 경제체제를 비판한 후 '협동조합 위주의 대안 경제 공동체'를 대안으로 내놓는다면 이는 문제의 본질을 제대로 짚은 것일까? 실제 학생들은 이런 푸념을 하곤 했다.

"지금껏 자신이 살고 있는 '사회가' 모순적이라고 실컷 이야기해놓고 어찌 결론이 '그러니 탈출'하라는 것일 수 있느냐? 그렇게 내팽개쳐도 괜찮을 사회였다면 애초에 개인과의 밀접한 관계가 뭐가 그렇게 중요하다고 강조하는 거야?"

일종의 허탈감이자 배신감을 느꼈다는 거다. 그다음 불편함은 이렇다.

"뭐야? 결국 내가 또 용기를 내서 무엇을 선택해야 하는 거야? 주야장천 사회의 잘못이다, 개인에게 책임을 함부로 돌려서는 안 된다고 말해놓고 결국 내 문제, 나 스스로 해결하라는 거지?"

대안을 찾으라는 말은 이미 지쳐 있는 개인에게 너무 가혹한 주문이다. '대안'은 그 자체의 의미를 떠나서 '모순으로 점철된' 원래 사회에 일종의 면죄부를 주기 때문에 그 선택을 한 이들을 존중하고 존경하는 것과는 달리 '모두에게' 권할 수는 없다. 내가 살아가는 평범한 일상의 공간이 변해야 하는데, 이런 대안들은 '여기선 한계가 있다. 저곳에서 다르게 살아보자'면서 중심과 변두리를 구분해버리는 효과를 의도치 않게 만들어낸다. 그리고 자본주의적 질서를 무조건적으로 옹호하는 사람에게 다음의 빌미를 제공하기도 한다.

나는 태어나자마자 속기 시작했다

"자본주의가 싫으면, 간섭하지 않을 테니 싫다는 사람들끼리 따로 모여서 무엇을 하든지 말든지 알아서 해라! 하지만 여기서는 그런 비판하지 마라!"

우리에게 정말 필요한 것은 대안을 찾아 떠나는 것이 아니라, 평범한 일상 자체가 상식적으로 변하는 길을 모색하는 것이다. 그래야 쉽사리 대안을 선택하지 못하는 평범한 사람들도 '좋은' 사회에서 살아갈 수 있다.

'정치적 시민'이 내 삶을 바꾼다

대안 제시만큼이나 결론으로 자주 언급되는 '정치적 시민'이 되는 걸 강조하는 경우도 마찬가지이다. 나 역시 '정치적 시민이 증가하는 것'이 사회가 좋아질 가장 효과적인 해결책이라 생각한다. 다만, 그 접근 방법을 조금은 전략적으로 고민해볼까 한다.

먼저, '정치적 시민'의 중요성을 살펴보자. 인류 역사의 모든 굴곡은 이 정치적 시민의 등장 및 퇴장과 그 궤를 같이하니 사회 문제의 해결책으로 이보다 더 적절한 것은 없다. 대중들이 각성을 하여 시민이 되고 이 힘을 '정치'에 결합시키면 세상은 분명 진보한다. 양극화, 비정규직 문제, 군사문화, 성형이 필요한 취업 시장, 저널리즘을 상실한 언론 그리고 특정한 이미지에 매몰되는 것 등, 이 책에 등장하는 모든 문제들은 시민의 의지가 밑바탕에 깔린 정치가 부재한 결과이니 그 역을 선택하면 자연스레 문제는 해결된다. 해결책으로 '대안'을 제시하는 경우보다 실질적 수혜를 받는 사람이 훨씬 늘어나는 것이기에 마땅히 지향해야 할 가치이다.

'정치적 시민'의 중요성을 강조하는 것은 일단 '정치'가 가진 특징 때문이다. 정치가 제도의 변화를 일으켜 달라진 사회의 풍토를 만드는 속도는 다른 어떤 것보다 빠르다. 예를 들어, 성폭력을 수사하기 위해서는 피해자의 '직접 신고'가 있어야만 한다는 '친고죄'(親告罪) 조항을 폐지한 것이 대표적이다. 지금껏 친고죄 조항은 성폭력 범죄를 드러나지 않게 하는 데 일조했다. 한국 사회의 특성상 '여성이' 성폭력 당했다는 사실을 외부에 알리는 것은 쉽지 않다. 오히려 외부에 알려졌을 때, 평소 행실이 좋지 않았다느니, 노출이 심한 옷을 입고 다니면서 원인 제공을 했다느니, 하는 2차 폭력이 일어난다는 걸 당사자가 잘 알기 때문이다. 또한 성폭력 가해자의 상당수가 직장 내 상사이기 때문에 더욱 노출할 수가 없다. 설사 피해자가 신고 의지를 보인다 해도 합의만 하면 형사처벌이 어렵기 때문에 합의를 강요당하는 경우도 빈번하게 일어난다.

하지만 친고죄 폐지 이후 가해자가 응당한 처벌을 받는 확률이 높아졌다. 이는 그 전후로 성폭력 발생 건수가 확연히 증가

나는 태어나자마자 속기 시작했다

한 수치로 증명된다. 성폭력 범죄는 친고죄 폐지 전까지는 '2만 375건(2010)→2만 1912건(2011)→2만 2933건(2012)'으로 매년 증가 건수가 1537건(2010→2011), 1021건(2011→2012) 정도였는데 폐지 이후인 2013년에는 전년보다 5853건이 증가한 2만 8786건이 발생한다.

단 1년 사이에 확연히 다른 수치가 나왔던 것이다. 이는 단순히 '성폭력 범죄가 늘어나고 있다'가 아니라 '과거 같았으면 덮어졌던 상황들이 제대로 수사되고 있다'고 해석해야 한다(앞서 다루었던 '수치를 읽는 힘'이 필요한 이유이기도 하다).

누구든 성폭력 사건을 신고할 수 있게 되니 피해자의 주변 인물들이 적극적으로 신고하게 되었고, 혐의가 입증되면 합의 여부와 상관없이 처벌할 수 있게 되니 경찰의 수사 태도도 변했던 것이다. 실례로 2012년에는 경찰(혹은 검찰)의 인지로부터 수사가 시작되어 성폭력 범죄를 발견하는 경우가 3715건이었는데 2013년에는 전년 대비 118.5% 증가한 8118건을 기록한다.[184] 공권력이 가해자에 대한 처벌 의지를 내비치는 것만으로도 피해자의 적극 신고 가능성은 높아진다. 그와 동시에 '성폭력 발생'과 '실제 신고'의 격차는 줄어든다. 물론 이 제도만으로 모든 성범죄가 드러나는 것은 아니지만, 실질적인 변화를 일으킨 것만은 분명하다.

그런데 이 제도의 변화는 결코 우연히 일어나지 않는다. 오래전부터 친고죄의 문제점을 지적한 시민들이 있었고 그것이 여론이 되고, 또 실질적으로 정치인들을 압박할 수 있게 된 역사가 있었기에 가능했다. 이런 오랜 과정을 통해 60년 만에 '친고죄' 조항이 폐지될 수 있었다. 이처럼 '정치'는 우리 일상과 밀접한 관계를 맺고 있다. 정치가 사회문제나 갈등을 해결하고 시민들이 인간의 존엄성을 갖고 살 수 있는 역할을 한다는 것을 누가 부인하겠는가. 그러므로 정치가 바로 서기 위해서는 비판적 시민이 많아야 가능하다.

그런데 이런 결론에 "내가 왜 그래야 되는데?"라고 냉소적 반응을 보이는 사람들이 많다. 이는 앞서 언급한 정치의 효용성을 전면으로 부정하면서 등장한다. 풀어서 말하면 이렇다. "정치? 그 '더러운 것'이 내 삶을 바꾼다고? 웃기지 마!" 이것은 '정치'가 그 자체의 의의를 떠나서 우리 사회에서 어떤 '이미지'를 갖고 있는지를 반영한다. '정치 혐오'를 바탕으로 '정치적 무관심'을 정당화하는 사람들이 이 나라에는 굉장히 많다. 그들에게 아무리 '정치가 해법이다'고 말해도 쇠귀에 경 읽기일 뿐이다. 그래서 나는 상투적인 해법을 거부한다. 지금의 상황에서 필요한 것은 '좋은 정치'를 백번 말하는 것보다 '악랄한 정치'가 만들어놓은 사회적 이미지가 시민들을 지배하고 있다는 것을 보여주는 것이다. 그래야 '정치와 나는 상관없다'는 오해에서 벗어날 수 있다. 나는 '1984년, 일곱 살 꼬맹이가 겪었던 일'을 바탕으로 '어

나는 태어나자마자 속기 시작했다

떤 정치'의 중요성, 그리고 이를 위한 '비판적 시민의 필요성'을
말하고자 한다.

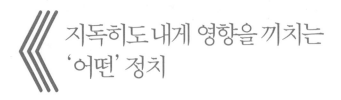

지독히도 내게 영향을 끼치는 '어떤' 정치

1984년, 나는 일곱 살이었다. 그때의 기억은 누구에게나 그렇듯이 파편적이다. 유치원을 다녔고 동네 놀이터에서 친구들과 딱지치기 놀이를 했던 기억들이 뒤엉켜 있다.

그런데 유독 선명하게 기억나는 두 장면이 있다. 그중 하나는 유치원 친구들과 정수라의 건전가요 '아! 대한민국'을 불렀던 장면이다. 어딘가로 견학을 다녀오던 버스 안이었는데, 우리는 선생님이 시키지도 않았는데 이 노래를 흥얼흥얼거렸다. "하늘엔 조각구름 떠 있고~, 강물엔 유람선이 떠 있고~, 저마다 누려야 할 행복이 언제나 자유로운 곳, 원하는 것은 무엇이건 얻을 수 있고 뜻하는 것은 무엇이건 될 수가 있어~, 아~ 아~ 우리 대한민

나는 태어나자마자 속기 시작했다

국, 아~ 아~ 우리 조국~ 아~ 아 영원토록, 사랑하리라." 친구들과 나는 2절 가사까지 아는지를 서로 뻐겨가며 경쟁하듯이 이 노래에 흠뻑 취했다. 그 당시 우리의 '음악적 감수성'이 뛰어나서 그런 것은 결코 아니었다. 그저, 귀가 닳도록 이 노래를 들었기 때문이었다. 그래서 나는 '뚜렷한 사계절이 있기에' 한국이 자랑스러웠다.

애국심은 철저히 학습된 것

다른 장면 하나는 LA 올림픽 때였다. 일곱 살 꼬맹이였던 나는 대한민국 국가 대표의 경기 하나하나를 놓치지 않고 봤다. 그중에서 '그날의 30초'는 30년이 넘게 지난 지금에도 너무나 선명하게 기억되어 있다. 바로 김재엽 선수와 일본 선수의 유도 결승전이었다. 당시 김재엽 선수는 고작 스무 살이었지만 젊은 패기를 앞세워 결승전까지 승승장구했다. 상대는 세계 일인자였다. 결승전이 시작되자마자 묘한 상황이 연출된다. 김재엽 선수가 아래에 깔렸고 일본 선수는 위에서 계속 누르고 있었다. 그때는 무엇인지 몰랐지만 '누르기'라는 기술이 들어간 것이었다. 30초 동안 상대가 빠져나오지 않으면 '한판'으로 경기가 종료된다. 일곱 살 소년의 눈에 김재엽 선수는 절박해 보였다. 빠져나오고자 발버둥을 치는 모습이 너무나 선명하게 뇌리에 박혔다. 그때부터 내 심장은 콩닥콩닥 뛰기 시작했다. 불안했다. 질 것 같았다. 그리고 얼마 후 일본 선수는 환호를 하고 김재엽 선수는 고개를 숙였다. 한국 선수의 패배였다. 그리고 나는 절망에 빠졌다. 지금 시점에서 그때의 내 상황을 묘사하자면 분신이 빠져나가는 느낌이었다. 나는 모름지기 인간이라면 그렇게 생각하는 것이 '도덕'이라고 한동안 생각했다. 한국인이 한국 선수의 승패에 기뻐하고 슬퍼하는 것이 본능인 줄 알았다. 하지만 내게 '도덕'이었던 '애국심'이라는 감정은 철저히 '학습된 것'에 불과했다.

올림픽 메달에, 올림픽 순위에 대한 집착은 유독 한국인들에게 유별난 것이었다. 조금만 자료를 살펴보면 '당시의 내'가 '더러운 정치의 희생양'이었음을 쉽게 알 수 있다. 쿠데타로 집권한 전두환 정권은 자신들의 정치적 결함을 국민들의 관심을 다른 쪽으로 돌리는, 이른바 '탈정치화'시키는 방법으로 모면해나갔다. '5공 정부와 3S 정책'은 그렇게 탄생한다. 3S는 'Sex, Screen, Sports'를 뜻하는데, 이에 바탕을 둔 정책은 '즐길 수 있는' 오락거리를 제공하여 사람들이 굳이 정치에 관심을 가질 필요가 없게 유도한다.

에로티시즘 영화를 집중 보급하고(82년 개봉 영화 56편 중 에로영화가 35편이다), 통금을 해제하는 등 5공 정부는 국민들에게 마음껏 '놀' 공간을 마련해줬다(물론, 정치적인 논의는 엄격히 통제되

나는 태어나자마자 속기 시작했다

었다). 특히 스포츠에 대한 정권의 투자는 엄청났다. 1982년에는 프로야구를, 1983년에는 프로축구와 프로씨름을 출범시켰다. 현재 프로농구의 시초라 할 수 있는 농구대잔치도 1983년에 개최되었다. 이것이 얼마나 정치적 계획에 의한 것이었는지는 출범 35년이 지난 2017년까지 '단 한 구단'도 흑자 운영을 기록한 해가 없다는 사실에서도 알 수 있다. 애초에 '이윤 추구'가 목적이 아니었던 것이다. 하지만 독재 권력의 눈치를 볼 수밖에 없는 대기업들은 군말 없이 야구단을 운영했다. 올림픽은 국민들을 집단 최면에 빠지게 할 절호의 기회였다. 전두환 정권은 88년 서울 올림픽 유치에 수단과 방법을 가리지 않는다. 정주영 현대 회장을 올림픽 유치위원장으로 임명하여 IOC 위원을 상대로 막대한 로비를 펼쳐 한국은 말 그대로 '바덴바덴의 기적'(1981. 9. 30.)을 만들어내면서 유치에 성공했고 그 기세를 몰아 1986년 아시안게임 유치에도 성공한다.[185] 그리고 이는 대단히 유용하게 활용된다. 강준만 교수는 『한국 현대사 산책』에서 이렇게 말한다.

서울이 올림픽과 아시안게임의 개최도시로 선정된 직후부터 전두환 정권에게 올림픽과 아시안게임은 스포츠행사가 아니라 정치 그 자체였다. 아니 '전가의 보도'였다. '86, 88'은 마법의 주문이 되었다. (…) 올림픽은 '민족우수성 과시, 국제적 위치 입증, 세계 속의 한국 부각'의 기회로 활용되었던 것이다. 그래서 모든 반민주적이고 억압

적인 조치들이 올림픽과 아시안게임의 이름으로 정당화되었다.[186]

효과를 극대화하기 위해, 전두환 정권은 1984년 올림픽에서 좋은 성적을 올려 '스포츠'에 대한 국민적 관심을 끌어올리고자 했다. 전두환 정권은 국가 대표 선수들에 대한 지원을 늘리고 메달 획득 시 포상 조건을 파격적으로 바꾼다. '참가하는 것만으로' 올림픽의 의의를 찾는 건 있을 수 없는 일이었다. 병역 면제부터, 막대한 포상금까지 올림픽에서 메달 한 번 따면 '인생이 달라지는' 시스템을 만들자 성과는 달라지기 시작한다. 직전 대회에서 올림픽 참가 28년 만에 첫 금메달을 땄던 한국은 LA 올림픽에서는 무려 6개의 금메달을 따 종합 10위에 오르는 기염을 토했다. 정부는 기회를 놓치지 않았다. 방송사 관계자들을 소집하여 LA 올림픽 홍보 대책을 수립했고 선수들을 영웅으로 만드는 신화 작업에 박차를 가한다.[187] '겨레의 자랑', '대한의 건아', '우수한 민족임을 세계에 증명하다' 등의 슬로건이 보여주듯 스포츠가 (한국인들이 좋아하는) '민족주의'를 만나니 국민들이 열광하는 건 당연했다. 사람들은 그런 한국이 좋았고 자신이 사는 나라의 사계절이 뚜렷한 것도 뿌듯해했다. '아! 대한민국'은 이 올림픽 직후 나왔다. 그 1984년을 나와 나의 형제, 삼촌, 부모님이 살고 있었다. '안락하고 태만한 완전한 수동성'[188]을 갖춘 채 말이다.

나는 태어나자마자 속기 시작했다

올림픽이라는 절체절명의 프레임

그때의 정서는 지금까지 이어지고 있다. 굳건히 형성된 의식과 관행은 쉽사리 변하지 않는다. 가정에서, 학교에서, 일터에서 권장되고 계승된다. 사람들은 여전히 '스포츠 민족주의'에 매몰되어 '국가대항전'에 엄청난 의미를 부여한다. 올림픽과 월드컵은 그런 마케팅으로 넘쳐난다. 언론은 이런 사람들의 요구를 맞추어야지 시청률을 유지하고 광고를 보장받기에 (과거와 같은 직접적인 독재가 사라졌음에도!) 바보 뉴스를 보도하기에 바쁘다. 실례로 지난 2014년 월드컵 때, 한국대표팀이 러시아와 1대1로 무승부를 기록하자 한 공중파는 메인 뉴스의 25개 보도 중 19개를 축구 소식으로 채운다('무승부'였으니 천만다행이다. 이겼으면 더하지 않겠는가). 이 기간에는 북한에서 미사일이라도 날아오지 않는 이상, 시사 이슈는 등장하지 않는다. 참고로 그날은 세월호가 침몰한 지 64일째 되는 날이었다.

이런 분위기 덕택에 한국은 '빚더미에 앉으면서도' 온갖 국제대회를 끊임없이 유치하고 있다. 언론은 "한국은 동·하계 올림픽, 동·하계 아시안게임, 월드컵까지 그랜드슬램을 세계 6번째로 달성"[189]했다고 자랑한다. 세계육상선수권, 유니버시아드 등 안 해본 국제행사가 없다. 이와 비례하여 국민의 혈세는 낭비되고 있다. 인구 5만 명의 전남 영암군에 4285억 원을 들여(이것도 대부분 빚으로) 자동차경기장을 만들어 F1(국제 자동차 경주대회 포뮬러원) 대회를 열었는데, 단 4년 만에 누적된 운영 적자만 1900억 원이다.[190] 2014년 인천 아시안게임은 더욱 처참하다. 총 2조 5천억 원을 퍼부었지만 대회 이후 인천시의 빚은 1조 720억 원이 더 늘었다. 2002년 월드컵 때 신축했던 문학경기장을 리모델링하면 될 것을 무려 4673억 원을 들여 주경기장을 새로 지었을 정도로 한국에서 '국제대회'만큼은 '경제적 효율성'과는 거리가 멀다. 돈을 갚아나가야 하니 원래 있는 예산 중 만만한 '복지 예산'을 삭감하는 지경이다.[191] 피해는 고스란히 시민들의 몫이다. 이 모든 것이 과연 일부 정치인들의 문제일까? 과거의 공기가 여전히 국민들을 지배하고 있으니 정치는 그 국민들의 눈높이를 맞추었을 뿐이다.

뭔가에 길들여진다는 것

내가 30년 전의 경험담을 현재의 이슈로까지 연결시킨 이유는 전두환 정권이 만들어놓은 사회적 분위기가 지독히도 오랫동안 우리들을 괴롭히고 있기 때문이다. 무엇에 길들여진다는 것은 이처럼 무섭다.

자본주의를 비판하지 않는 정서도 마찬가지로 개인들에게 주입되었을 거다. 여기에 익숙해지면 정말로 걱정해야 하는 일들이 벌어져도 "별수 없잖아~"라고 쉽게 체념해버린다. 이렇게 생각하는 사람이 많을수록 '자본주의 사회'는 더 악랄해진다. 현대사회를 살아가는 사람들이 자본주의의 여러 부작용을 모를 리 없다. 부당한 대우에 항거하여 철탑에 올라가 고공농성을 하는 비정규직 노동자들, 경쟁이 너무 심해진 교육 현장에 지쳐 쓰러진 학생들, 평생을 성실히 살았지만 자녀 결혼시키다 빚더미에 앉아 파지를 줍는 노인들은 누구나 일상 속에서 자연스럽게 만나는 사람들이다. 그런데 약자들에 대한 동정심은 '공분'(公憤, 공적 분노)으로 이어지지 않는다. 왜냐하면 사람들이 그 상황을 '부수적 피해' 정도로 이해하기 때문이다. "안타까운데! 자본주의 사회에서 별수 없는 것 아니겠어?", "불쌍하지만! 기업의 입장도 생각해야지?" 그렇게 여러 사회문제들이 '자본주의' 안에서 '논의 불가' 판정을 받게 된다. 세상 어떤 슬픈 사례를 가지고 와도 자본주의가 '의심 불가'라는 확신은 변치 않는다. 약자는 계속 약자가 된다. 원래 그런 것이 아니라 '어떤' 정치 때문이다. 과거의 '어떤 정치'가 남긴 재앙은 질기고 절망적이다. 이만큼 '지금 당장' 정치에 관심 가져야 할 이유가 또 있겠는가.

나도 가해자가 될 수 있다

'사회 비판'을 주제로 하는 강연을 자주 다니다 보면 이런 질문을 던지는 사람을 종종 만난다. "잘 알겠는데요, 그렇다고 제가 당장에 무엇을 할 수 있는 것도 아니잖아요?" 이런 반응을 보이는 사람들도 정치가 자신의 삶과 무관하지 않다는 걸 잘 안다. 하지만 이들은 '사회를 바꾼다고 표현하면, 아무래도 혁명이나 대규모 시위 따위를 상상'[192]한다. 즉 정치를 통한 사회의 변화를 너무나 무거운 이미지로 이해한다. '정치적 시민'도 이들에게는 굉장히 거창한 개념이다. 그래서 일반적으로 '사회가 잘못되었으니 바꾸어봅시다!'라고 하면 반만 공감한다. 물론 충분히 이해된다. 우리는 '정치'라는 것을 TV 화면에 보이는 '정치인'을 통

나는 태어나자마자 속기 시작했다

해 배우지 일상 속 나의 태도와 정치가 연결돼 있다는 것을 배우지 못한다. '정치로 바꾸자'는 말을 '나보고 국회의원에 출마라도 하라는 거야?'로 받아들이는 것이다. '시민의 힘에 의한 변화'라는 것도 많은 사람들이 오해한다. 4·19 혁명, 5·18 민주화운동, 6·10 시민항쟁 등 독재에 '목숨 걸고' 저항했던 역사를 먼저 떠올리는 것이다. 너무나 숭고한 것들'만'이 떠오르니 겁이 나는 것도 당연하다. 그러니 "에이, 그런 건 제 주제에 할 수 있는 게 아니잖아요"라고 체념해버린다.

대다수의 사회 비판 책들이나 강연들도 이런 오해를 부추긴다. 왜냐하면 피 토하며 사회를 문제 삼는 사람들의 십중팔구가 '정치적 시민이 되어라!'를 강조할 때, '태도의 변화'를 부르짖기 때문이다. 이를테면, 하루하루 살기 바쁜 사람들에게 '투표를 해라!, 정당에 가입해라!, 협동조합을 이용해라!, 시민단체를 후원해라!, 대안학교도 해결책이다!'라고 말한다. 물론 그것이 '한순간에' 가능하면 좋겠지만, 현실적으로 그렇게 할 수가 없으니 사회문제가 좀처럼 해결되지 않는 게 아니겠는가. 그래서 나는 이런 무시무시한 현실 '안'에서 본인이 정치적 시민으로 발돋움하기 위해서는 어떤 마음가짐을 가져야 하는지를 말하고자 한다. 이것은 직접 몸으로 실천하는 거창한 것이 아니라, '나의 생각부터 좀 다르게 해보자'는 것에 불과하다. 하지만 생각의 변화가 있어야지만 행동의 변화도 가능한 것이다.

대안이 없어도 비판할 수 있다

첫째, '대안이 없으면 비판하지 마라'는 말을 두려워해서는 안 된다. 한국인들은 이 말을 자주 듣고 또 한다. 대안 제시에 매몰될 필요가 없는 이유는 간단하다. 그것은 정치인의 몫이기 때문이다. 일상을 살아가는 시민들은 정치인들에게 무엇을 고민해야 할지를 여론이란 이름으로 던져주는 것만으로도 충분하다. 대안 없는 비판은 공허한 것이 아니라, 구체적인 변화의 싹이 등장하게끔 하는 비료와 같다. 비판은 논리적으로 하는 것이 중요하지 대안 제시하는 것이 목적이 아니다. 대안은 그 문제 제기가 타당한지를 여러 각도에서 검증한 후, 이를 어떤 제도를 통해 해결해야 하는지를 행정학과 법학 등 전문 지식으로 풀어나가야 하는 작업이다.

이 엄청난 과정을 '비판을 하려면 미리 갖춰야 하는 것'으로 규정하면 과연 누가 감히 비판할 수 있겠는가? '기득권자들이 가장 좋아하는 표현'[193]이 바로 '대안 없는 비판을 하지 마라'는 말이다. 비판의 전제로 대안을 강조하면 의미 있는 '비판의 총량'이 줄어드니 그들이 좋아하지 않을 수 없다. 그러니 앞으로 '대안을 고민할' 사람들이 정신 차리도록 비판의 공세를 높여야 한다. 이 한마디만 명심하자. '문제를 해결하는 첫걸음은 문제가 있다는 걸 자각하는 것이다'(The first step in solving any problem is recognizing there is one).[194]

언행불일치에 주눅 들지 말자

둘째, '언행불일치'라는 말을 잘못 사용하게 되면 타인에게 재갈을 물릴 수 있음을 명심해야 한다. 깜짝 놀라는 사람도 많을 듯하다. 말과 행동이 일치하는 것이 중요하다는 것을 어찌 의심할 수 있겠는가? 물론, '행'은 '언'을 돋보이게 한다. 그래서 두 가지가 일치하면 사람에 대한 신뢰가 형성됨이 분명하다. 그런데 여기에 묘한 함정이 있다. 자본주의 사회를 살아가면서 자본주의를 비판하면 언과 행이 일치하지 않을 가능성이 상시적으로 존재한다. '언'으로 사회의 모순을 지적하지만, '행'으로 그 모순을 거부하면서 산다는 것은 쉬운 일이 아니기 때문이다. 예를 들어, 취업 준비가 너무나 힘든 누군가가 이런 사회를 비판한다고 해서, 취업 준비 자체를 포기할 수는 없는 노릇이다. 한국 사회의 사교육 문제를 비판하는 사람에게 "그런데 너도 사교육 시키면서 왜 그렇게 말을 해?"라고 묻는 것이 당연해진다면, 결국 '나도 어쩔 수 없는데, 굳이 말해서 뭐하겠어'라고 체념하는 것이 당연해진다.

그러니 '언행일치'를 무분별하게 강조하면 사회문제가 악화되는 놀라운 일이 발생한다. 우리가 가지고 있는 '언행불일치'에 대한 어떤 이미지, 그것이 자본주의 사회에서는 비판자에게 재갈을 물리기 위한 고도로 전략적인 프로파간다로 이용되고 있다는 것을 명심해야 한다. '행'이 '언'의 설득력을 높일 순 있어도 '언'의 논리성 자체를 결정짓는 건 아니다. '행'은 이러한 '언'들이 모여 '정치적 힘'이 될 때, '절로' 이루어진다.

'균형 잡힌 시각'의 함정

셋째, '중립적이고 균형 잡힌 시각을 가져라'는 말의 함정에 빠지지 말아야 한다. 이 말에 깜짝 놀라는 사람이 있을 것이다. 우리는 살면서 이런 말을 수천 번은 더 듣는다. 그런데 가만히 한 번 생각해보자. 주로 어떤 상황에서 이런 말을 하는가? 사회 비판적인 주제를 논할 때만 꼭 "너의 의견은 한쪽으로 너무 치우쳤다"는 핀잔을 듣는다. 그런데 그 반대의 경우, 그러니까 기존의 질서를 당연한 것으로 규정한 상태에서 이야기했을 때는 이런 대사를 듣지 않아도 된다.

예를 들어, 어떤 노동자가 반도체 생산 공장에서 일을 하다가 백혈병에 걸려 죽었다고 하자. 그런데 한두 명이 아니라고 하자. 그러면 당연히 공장의 작업환경과 발병의 인과관계를 따질 수밖에 없다. 그러다 보니 이 공장을 운영하는 삼성이라는 기업을 비

나는 태어나자마자 속기 시작했다

판할 수밖에 없다. 그런데 이때 꼭 "삼성의 좋은 점도 많은데, 안 좋은 점만 말하는 것은 객관적이지 못한 거 아닌가?"라고 말하는 사람이 있다. 그런데 그 반대의 경우에는 동일한 '균형론'이 적용되지 않는다. 삼성이 어떻게 세계적인 경쟁력을 갖춘 기업으로 성장하게 되었는지를 소개하는 책을 보면서 "왜 좋은 점만 이야기하죠? 삼성에 대한 비판적인 입장도 함께 말해야 하지 않나요?"라고 이야기하는 사람은 없다. 이런 분위기는 최근 대학가에도 팽배하다. 시장 질서를 옹호하는 경영학과 강의에서는 '그 부작용'에 대해서 논하지 않는다. 그러나 누군가가 문제를 삼으면 "왜 여기서 그런 이야기를 하느냐?"면서 불쾌감을 드러낸다. 하지만 시장 질서를 반대하는 강의에는 꼭 이런 평이 따른다. "교수가 지나치게 편향적이다.", "한쪽의 입장만을 말하기 때문에 객관적이지 못하다."

문제는 '균형을 요구받지 않는' 쪽이야말로 이미 기울어질 대로 기울어진 한쪽만의 의견이라는 사실이다. 그리고 이 '한쪽만의 논의'는 한국 사회의 구성원에게 끊임없이 주입된다. 우리가 만났던 어른들, 교사들, 언론들은 이미 '한쪽 측면에서만' 세상을 해석했다. 자본주의의 편에서 세상만사를 이해하는 것을 당연하게 여겨왔다. 이게 원체 자연스러운 것이 되니 그것이 하나의 도덕이자 질서의 경지에 이른다. 그래서 그들은 한쪽으로 치우쳤다는 비판을 받지 않는다. 이미 기울어진 운동장에서 치우친 이야

기만 하고 있으면서, 그것이 기울어졌다고 이야기하는 사람에게
는 '예의', '토론의 기본', '중립'을 요구하고 있는 것이다. 매사가
이런 식이니 운동장은 더 기울어질 수밖에 없다. 그리고 이것은
'중립', '객관적'이라는 것이 사회적 권력에 의해 규정될 뿐이라
는 것을 잘 드러내준다.

그러니 한국 사회에서 '객관적이다'라고 표현하는 것을 잘 들
여다볼 필요가 있다. 이미 치우친 견해를 기준이나 균형이라고
생각하다 보니 진짜 균형을 잡기 위한 생각은 '편향된 것'이라고
치부하는 일이 비일비재하다. 이것이 진짜 객관적인 시각을 추구
하는 동력을 방해할 수 있다는 것을 우리는 명심해야 한다.

＼ 나는 언제나 도덕적이며 옳을까?

마지막으로 세상에서 일어나는 이상한 일들은 내 삶의 연장선이
라는 것을 인정해야 한다. 이는 우리가 살면서 만나는 '유별난 사
건'이 그저 한 사람의 성격 때문에 일어나는 것이 아니라는 말이
다. 자본주의 사회를 살다 보면 참으로 별난 사람들에 관한 소식
을 자주 듣는다. 땅콩 안 깠다고 비행기를 회항시킨 사람, 아파
트 경비에게 음식을 집어 던지면서 먹으라고 하는 사람…. 이런
사람들의 이야기를 들을 때 씁쓸해하지 않는 사람은 없다. 그리

나는 태어나자마자 속기 시작했다

고 "저 사람 머리가 어떻게 된 거 아니야?"라고 말하곤 한다. 그러나 이 말은 '미치지 않고서야' 사람이 저럴 리 없다는 것을 전제하기에 "어쩌다가 이런 사회가 되었을까?"라는 확장된 질문을 던지는 것을 봉쇄한다. 또한 나는 저런 이상한 사람과는 달리 정상이라고 단정해버린다. 그러나 그 이상한 사람들과 나는 같은 사회적 공기를 마시고 있다. 나 역시 대기업을 찬양하고 최저임금이 올라 아파트 경비원의 인건비가 오를 때마다 '인원 감축'에 찬성하는 사람이 될 수 있다. 이것이 사회적 논란거리가 되면 우리가 내는 관리비로 우리가 마음대로 하겠다는데 무엇이 문제냐고 말하는 이들은 달나라 사람들이 아닌 바로 우리들이다.

그러기 때문에 이상한 사람을 발견했을 때 나 자신의 일상을 반성해야 한다. 나도 언제든 그들처럼 가해자가 될 수 있기 때문이다.

지금껏 내가 언급한 것들은 우리가 정치적 시민을 되기 위한 아주 기초적인 의식 전환에 대한 것이었다. 물론 대안을 제시하는 비판, 언행일치의 삶, 균형 잡힌 시각이 중요하지 않다는 것이 아니다. 다만, 한국 사회에서 그것이 종종 악용된다는 사실을 환기시키고 싶었다.

대부분의 사람들이 자신은 탐욕적이지 않다고 믿으며, 나쁜 사람이 되지 않을 것이라 확신한다. 하지만 일상에서 이루어지는 모든 폭력들은 너무나도 평범한 일상 안에서 그것이 폭력인지도 모르는 채, 가해자와 피해자의 합의 안에서 이루어지는 경우가 허다하다. 그러니 늘 '내 생각'이 '내 생각이 아닐 수도 있음'을 명심하고 살아야 한다. 이것이 바로 정치적 시민의 역량이자 사회가 바뀌는 첫 번째 걸음이다.

나는 태어나자마자 속기 시작했다

"미치지 않고서야 사람이 어떻게 저럴 수가 있지?"가 아니라
"어쩌다가 이런 사회가 되었을까?"라고 질문해보자.

꼬리가 몸통을 흔들게 내버려둘 것인가?

'웩더독'(wag the dog)이라는 말이 있다. '꼬리가 개의 몸통을 흔든다'는 뜻이다. 상식적으로 몸통이 꼬리를 흔드는 것이 자연스러워 보이니, '웩더독'은 주객이 전도된 현상을 의미한다. 할리우드 영화 〈웩더독〉(1997)은 이 개념을 바탕으로 정치권과 언론의 결탁을 까발린다. 재선 선거를 앞두고 대통령의 성추문 스캔들이 터지자, 이를 덮기 위해 정부는 '테러리즘' 같은 다른 이슈를 고의적으로 흘린다. 조작된 사건들이 터지지만 '애국심'으로 똘똘 뭉친 국민들은 이를 의심할 생각조차 하지 않는다. 꼬리가 몸통을 흔드는 것도 모르는 사람들 덕택에 대통령은 압도적인 지지로 재선에 성공한다. 어떻게 이런 일이 가능했을까? 영화는 시작과 동시에 다음의 자막을 통해 답을 가르쳐준다. "왜 개가 꼬리를 흔드는지 알아? 그건 개가 꼬리보다 똑똑하기 때문이지. 만약 꼬리가 더 똑똑하다면 꼬리가 개를 흔들겠지"(Why does a dog wag its tail? Because a dog is smarter than its tail. If the tail were smarter, the tail would wag the dog). 맞다. 몸통이 꼬리보다 '똑똑하지 못하면' 꼬리가 몸통을 흔들어도 알 재간이 없다.

'사회를 의심하라'는 말을 그토록 강조했던 이유는 한국 사회 자체가 거대한 '웩더독'이란 사실을 외면하기가 어려워서였다. 오직 물질적 성장만을 최고의 가치로 여기면서 '삶의 질'을 체계적으로 관리하는 데 실패한 '걸인의 철학', 그리고 스포츠를 정치적 결함을 덮는 도구로 이용한 '3S 정책'은 오리지널 '웩더독'이다. 문제는 단지 과거에만 국한된 이야기가 아니라는 사실이다. 주객전도는 우리의 삶에 만연하다. 다섯 살 때부터 영어 학원에 다니고, 고등학교 때는 해병대 캠프에 가야 하고, 취업을 위해서는 성형도 불사르고, 작은 집 하나 마련하는 데 몇 십 년간 한 푼도 쓰지 않고 모아야 되는 사회는 명백히 '비정상'이다. 한국은 이 비정상에 모두가 '열광적으로' 참여하고 '그만큼' 정상적인 무엇을 잃어버린다. 정녕코 중요한 것들은 경험조차 하지 못하니, 꼬리가 몸통을 흔드는 것이 문제가 될 리도 없다. 이런 분위기에서 꼬리의 활약은 대단할 수밖에 없다. 한쪽에서는 사회적 약자들이 온갖 차별에 노출되어 인간의 존엄성마저 잃고 있는데 축구 소식으로 뉴스를 도배하고, 명백한 자본주의의 문제점을 보고도 '자본주의니까 어쩔 수 없다'는 초현실적인 분석이 난무할 수 있는 사회는 꼬리가 몸통을 흔드는 수준이 아니라, 꼬리가 몸통 자체가 되어 우리 일상을 지배하고 있다는 것을 보여준다. 우리는 이런 사회 '안'의 피해자이면서도 그 잘못된 분위기를 추동시키는 가해자로서 살아가고 있다.

그리고 이런 상황은 전혀 개선되지 않고 있다. 우리들이 꼬리보다 더 똑똑해져야 하는데, 상황이 녹록치 않다. 우리는 늘 바쁘기 때문에 주어진 정보에만 의지해서 살아간다.

무엇인가 사회가 점점 잘못되어가고 있어서 자신이 힘들어지고 있음에도 서점에 가면 '성실하게만 살면 성공할 수 있다'는 자기계발서를 집어 든다. 그러니 세상은 빠르게 변화하는데, 그 변화가 옳은 길인지 아닌지 알 턱이 없다. 기술의 엄청난 발전으로 굳이 스스로가 고민해야 할 필요성이 사라진 측면도 무시할 수 없다. 내가 손에 쥐고 있는 기계는 나보다 똑똑해졌다. 검색이 일상화되면서 사색은 아득해진다. "'생각할 수 있는 능력'의 상실은 이 부박한 자본주의 시대에 대항할 힘이 없는 부박한 개인들을 양산한다. 사유 능력이 사라진 개인은 자신이 누구인지, 어디를 향해 가는지 자각하기 어렵다."[195]

어차피 한 번 사는 인생이라고들 말한다. 그래서 다들 멋지게 살려고 애쓴다. 역설적인 말이지만, 그런 우리들에게 작금의 사

나는 태어나자마자 속기 시작했다

회 현실은 인생의 승부수를 띄울 절호의 기회다. '멋지게 산다' 는 것은 과연 어떤 걸까? 나 스스로가 '인간'임을 자각하고, 인간만이 갖고 있는 이성의 힘을 바탕으로 어떻게든 올바른 사회 변화를 위해 노력하는 것. 이보다 더 멋진 삶이 있을까? 이제 우리에게는 '절망 다음은 희망'이라는 것을 증명할 일만 남았다. 이를 위해, 사회와 자신과의 관계를 이해하고 좀 더 나은 사회를 만들기 위해 '비판적 시민'으로서 멋진 하루를 살아야 한다. 그래야지만 다음 세대의 사람들을 만나면 조금이라도 면목이 서지 않겠는가. 사회가 어떻게 우리들을 괴롭히는지 부단히도 의심 또 의심하다 보면 길은 반드시 열린다. 이런 말도 있지 않은가.

"이의를 제기하는 건 애국의 가장 고귀한 형태다"(Dissent is the highest form of patriotism).

주1 필립 짐바르도, 『루시퍼 이펙트』, 이충호 · 임지원 옮김, 43p, 2007, 웅진지식하우스

주2 정수복, 『한국인의 문화적 문법: 당연의 세계 낯설게 보기』, 46p, 2007, 생각의 나무

주3 〈한겨레〉, "[심층리포트] 자사고가 불러온 '일반고 슬럼화' 동네에 자사고 생긴 뒤, 일반고 갈 중학생들까지 열패감", 2014. 7. 10.

주4 〈국민일보〉, "[특목고 열풍, 초 · 중교육 무너진다] (1) 서울 초등생 70%~80% 학원행", 2007. 3. 27.

주5 〈조선에듀〉, ""생후 22개월부터 영어 · 과학 배워요" 사교육에 지치는 아이들"", 2017. 9. 20.

주6 〈한겨레〉, 김양희, "[유레카] 원숭이와 바나나", 2014. 7. 22.

주7 필립 짐바르도, 『루시퍼 이펙트』, 이충호 · 임지원 옮김, 414~415p, 2007, 웅진지식하우스

주8 스탠리 밀그램, 『권위에 대한 복종』, 정태연 옮김, 49~50p, 2009, 에코리브르

주9 김준형 · 윤상헌, 『언어의 배반: 언어학자와 정치학자, 권력에 중독된 언어를 말하다』, 200p, 2013, 뜨인돌

주10 통계청 자료, "전국 출산력 및 가족보건 실태 조사", 2013.

주11 스탠리 밀그램, 『권위에 대한 복종』, 정태연 옮김, 243p, 2009, 에코리브르

주12 강준만, 『세계 문화의 겉과 속: 모든 문화에는 심리적 상흔과 이데올로기가 숨어 있다』, 126~127p, 2012, 인물과사상사

주13 마리 노엘 샤를, 『세상을 바꾼 작은 우연들: 우연히 탄생한 세기의 발명품 50가지 이야기』, 김성희 옮김, 249p, 2014, 월컴퍼니

주14 〈한겨레〉, 오강남, "금지된 동성애, 풀려난 바닷가재", 2014. 4. 15.

주15 〈한겨레〉, 백찬홍, "소돔이 동성애로 멸망했다면 시드니 · 베를린은?", 2014. 12. 23.

주16 E. H. 카, 『역사란 무엇인가』, 김택현 옮김, 38p, 1987, 까치글방

주17 하와이 대학 교수인 허버트 지글러는 일본의 아베 신조 총리가 미국의 교과서에 '위안부 관련' 기술이 잘못되었다면서 수정을 요구하자 "어떤 정부도 역사

나는 태어나자마자 속기 시작했다

를 검열할 수 없다"면서 반대 의사를 강력하게 밝혔다. 이후, 미국 역사협회 소속 역사학자 19명의 집단 성명에서도 지글러 교수의 표현이 인용되어 등장한다. 성명을 요약하면 이러하다. "출판사는 두 문장을 삭제해달라는 일본 정부의 요청을 거절했고 학자들은 위안부 문제에 대한 역사적 사실을 확립했다고 진술했다. 우리는 출판사를 지지하고 '어떤 정부도 역사를 검열할 권리가 없다'는 허버트 지글러 하와이대 교수의 견해에 동의한다. (⋯) 우리는 과거로부터 배우기 위해 역사를 가르치고 만들어가고 있다. 우리는 국가나 특정 이익단체가 정치적 목적 아래 출판사나 역사학자들에게 연구결과를 바꾸도록 압력을 가하는 것을 반대한다."(〈동아일보〉, "[전문] 미국 역사학자들 집단성명 "어떤 정부도 역사 검열할 권리 없다"", 2015. 2. 6.)

주18 채사장, 『지적 대화를 위한 넓고 얕은 지식: 현실세계 편』, 104~105p, 2014, 한빛비즈

주19 〈한겨레〉, 박태균 "[박태균의 베트남전쟁] 남베트남 패망의 교훈", 2015. 4. 3.

주20 〈매일신문〉, 김영중, "[커피의 비밀] 네덜란드인과 커피", 2008. 10. 30.

주21 사이토 다카시, 『세계사를 움직이는 다섯 가지 힘: 욕망+모더니즘+제국주의+몬스터+종교』, 홍성민 옮김, 28~29p, 2009, 뜨인돌

주22 에릭 윌리엄스, 『자본주의와 노예제도』, 김성균 옮김, 95p, 2014, 우물이있는집

주23 앤서니 기든스, 『현대사회학』(제4판), 김미숙 · 김용학 외 옮김, 21~22p, 2003, 을유문화사

주24 김진묵, 『흑인잔혹사』, 85p, 2011, 한양대학교출판부

주25 김진묵, 『흑인잔혹사』, 90~91p, 2011, 한양대학교출판부

주26 김진묵, 『흑인잔혹사』, 99p, 2011, 한양대학교출판부

주27 에릭 윌리엄스, 『자본주의와 노예제도』, 김성균 옮김, 52p, 2014, 우물이있는집

주28 김진묵, 『흑인잔혹사』, 91p, 2011, 한양대학교출판부

주29 마이클 J. 로젠펠드, 『자립기: 1960년대 이후 자립생활기의 형성과 가족 및 사회의 극적 변화』, 이계순 옮김, 248p, 2014, 갈무리

주30 〈동아일보〉, "[美남부 대혼돈] 약탈? 확보?⋯사진설명 인종차별 논란", 2005. 9. 7.

주31 영화 〈프리 라이터스 다이어리〉(Freedom Writers, 2007)에 등장하는 대사다.

주32 〈한국일보〉, "서구의 영토쟁탈 · 내전⋯검은 대륙에 깃든 질곡의 역사", 2014. 7. 11.

주33 jtbc 뉴스, ""백인 강사만 지원 가능", 인종 차별하는 영어 학원", 2015. 1. 4.

주34 디지털 삼국유사 사전, "삼국유사 권2 기이2 김부대왕, 박물지 시범개발 경애왕", kocca 문화콘텐츠닷컴

주35 박은봉,『한국사 상식 바로잡기』, 219p, 2007, 책과함께

주36 호리고메 요조,『역사를 보는 눈』, 박시종 옮김, 84p, 2003, 개마고원

주37 호리고메 요조,『역사를 보는 눈』, 박시종 옮김, 81~82p, 2003, 개마고원

주38 김찬호,『사회를 보는 논리』(개정판), 48p, 2008, 문학과지성사

주39 팟캐스트 〈이기환 기자의 흔적의 역사〉, "국보 보물 사적 1호의 불편한 진실" http://leekihwan.khan.kr/425

주40 이태진,『서울대 이태진 교수의 동경대생들에게 들려준 한국사』, 23p, 2005, 태학사

주41 류동민,『서울은 어떻게 작동하는가: 그리고 삶은 어떻게 소진되는가』, 243p, 2014, 코난북스

주42 〈경향신문〉, "[한국사 미스터리](11) 사적 1호 '포석정'의 침묵", 2003. 7. 14.

주43 이태진,『서울대 이태진 교수의 동경대생들에게 들려준 한국사』, 30p, 2005, 태학사

주44 〈경향신문〉, "[책과 삶] 제국주의가 발견해 식민지 상징이 된 '석굴암'…씁쓸한 지식의 고고학", 2012. 12. 28.

주45 최상천,『알몸 박정희』, 75p, 2004, 사람나라

주46 김한종,『역사교육으로 읽는 한국 현대사: 국민학교에서 역사 교과서 파동까지』, 240p, 2013, 책과함께

주47 최상천,『알몸 박정희』, 77p, 2004, 사람나라

주48 jtbc 뉴스, "현충사에 일본식 조경…"충무공 사당에 천황 상징 금송"", 2014. 10. 9.

주49 박노자,『당신들의 대한민국 01』, 41p, 2001, 한겨레출판

주50 〈뉴스메이커〉(566호), "[커버스토리] 이순신 동상 이전 논란, 군사정권 때 '무(武)의 상징물로 등장", 2004. 3. 25.

주51 〈뉴스메이커〉(566호), "[커버스토리] 이순신 동상 이전 논란, 군사정권 때 '무(武)의 상징물로 등장," 2004. 3. 25.

주52 〈해남우리신문〉, "칼의 노래 이후… 성웅 아닌 인간 이순신을 기다렸다", 2014. 2. 14.

주53 〈한겨레〉, 박태균, "[박태균의 베트남전쟁] 남베트남 패망의 교훈", 2015. 4. 3.

주54 유시민,『나의 한국 현대사: 1959~2014, 55년의 기록』, 140p, 2014, 돌베개

나는 태어나자마자 속기 시작했다

주55 박노자, 『당신들의 대한민국 01』, 33p, 2001, 한겨레출판

주56 박은봉, 『한국사 상식 바로잡기』, 79~89p, 2007, 책과함께

주57 박은봉, 『한국사 상식 바로잡기』, 89~90p, 2007, 책과함께

주58 〈경향신문〉, "'어벤져스2' 개봉 첫날 62만 명 동원… 개봉 첫날 관객 3위", 2015. 4. 24.

주59 〈오마이뉴스〉, "김무성 "자유 유보해서 경제 발전, 이게 5·16 혁명"", 2015. 3. 25.

주60 〈한겨레〉, 이라영, "[야! 한국 사회] 객관의 신기루", 2014. 2. 26.

주61 홍세화, 『생각의 좌표: 돈이 지배하는 사회에서 생각의 주인으로 사는 법』, 131p, 2009, 한겨레출판

주62 이 사례는 사회적 맥락을 논하는 여러 책들에 등장하는 단골 메뉴이기도 하다. 나는 박현희의 『백설공주는 왜 자꾸 문을 열어줄까: 동화로 만나는 사회학』(2011, 뜨인돌) 53~61p에서 참조했다.

주63 〈동아일보〉, "노동절 명칭을 '근로의 날'로", 1963. 3. 9.

주64 〈한겨레〉, "5월 1일이 어떻게 '노동자의 날'이 됐나요", 2014. 4. 28.

주65 〈조선일보〉, 조용헌, "[조용헌 살롱] 음경확대와 마음장상(馬陰藏相)", 2004. 12. 15.

주66 〈한겨레〉, "고려 태조 왕건, 아기 고추의 비밀", 2012. 3. 23.

주67 〈문화일보〉, 장은수, "담배 도입 초기부터 '금지 vs 예찬' 격론 있었다", 2015. 4. 3.

주68 〈문화일보〉, 장은수, "담배 도입 초기부터 '금지 vs 예찬' 격론 있었다.", 2015. 4. 3.

주69 〈한겨레〉, "흡연 원인 '사망 위험' 질병 5개 추가", 2015. 2. 12.

주70 〈중앙일보〉, 김재열, "[건강칼럼] "간접흡연: 담배 연기 노출뿐만 아니라, 옷이나 카펫 등에 남은 유해물질도 위험하다"", 2015. 3. 16.

주71 〈한겨레〉, "'주홍글씨' 간통죄 역사 속으로", 2015. 2. 26.

주72 〈동아일보〉, 로버트 파우저, "[동아광장] 한국에서 동성 결혼 합법화를 생각하며", 2015. 4. 25.

주73 〈한겨레〉, "'가톨릭 국가' 아일랜드, 동성 결혼 국민투표로 첫 합법화", 2015. 5. 24.

주74 〈한겨레〉, ""이 자유 더 이상 부정될 수 없다"…40여 년 '동성 결혼 논란' 합법화", 2015. 6. 28.

주75 〈한겨레〉, 김의겸, "[유레카] 진화의 수수께끼 동성애", 2013. 9. 10.

주76 홍세화, 『생각의 좌표: 돈이 지배하는 사회에서 생각의 주인으로 사는 법』, 131~132p, 2009, 힌겨레출판 ; 정희준, 『스포츠 코리아 판타지: 스포츠로 읽는 한국 사회문화사』, 255p, 2009, 개마고원

주77 〈한겨레〉, "20대 둘 중 하나 "동성애 거부감 없다"", 2015. 4. 2.

주78 〈한겨레〉, ""성교육 때 동성애 언급 말라"… 교육부 지침 논란", 2015. 3. 30.

주79 지그문트 바우만, 『왜 우리는 불평등을 감수하는가?: 가진 것마저 빼앗기는 나에게 던지는 질문』, 안규남 옮김, 59~60p, 2013, 동녘

주80 〈한겨레〉, "김치 홍보는커녕 나라 망신 부를라", 2014. 4. 18.

주81 〈서강학보〉(621호), 2014. 5. 12.

주82 〈한겨레〉, 박찬수, "애국하지 않을 자유", 2015. 2. 26.

주83 〈국민일보〉, "[종북 프레임 해부] 진보 진영서 수면 위로 드러난 용어… '역설적 탄생'", 2015. 3. 17.

주84 김준형·윤상헌, 『언어의 배반: 언어학자와 정치학자, 권력에 중독된 언어를 말하다』, 19~21p, 2013, 뜨인돌

주85 유시민, 『나의 한국 현대사: 1959~2014, 55년의 기록』, 136p, 2014, 돌베개

주86 정수복, 『한국인의 문화적 문법: 당연의 세계 낯설게 보기』, 110~114p, 2007, 생각의나무

주87 유시민, 『나의 한국 현대사: 1959~2014, 55년의 기록』, 112 ; 156 ; 161~162p, 2014, 돌베개

주88 〈한겨레〉, 김선우, "[김선우의 빨강] 분급", 2014. 5. 25.

주89 jtbc 뉴스, "2017년이면 '노인 〉 유소년'…열악한 복지, 대책은?", 2014. 10. 2. ; 〈시사저널e〉, "한국 노인빈곤율, OECD 회원국 중 최악", 2017. 11. 11.

주90 〈조선일보〉, "노령연금 도입 後 노인 자살률 3년째(2010~2013년) 줄어", 2014. 10. 3.

주91 새로운 사회를 여는 연구원, 『분노의 숫자: 국가가 숨기는 불평등에 관한 보고서』, 341p, 2014, 동녘

주92 〈허핑턴포스트〉, 이원재, "한국인은 문화적으로 자살을 선호하는가?", 2014. 3. 17.

주93 류동민, 『서울은 어떻게 작동하는가: 그리고 삶은 어떻게 소진되는가』, 258p, 2014, 코난북스

주94 홍세화, 『생각의 좌표: 돈이 지배하는 사회에서 생각의 주인으로 사는 법』,

114p, 2009, 한겨레출판

주95 〈한겨레〉, "한국 기업-가계 소득 격차…OECD보다 가파르게 확대", 2014. 9. 3.

주96 〈경향신문〉, "[위험의 외주화] 2011년 산재 사망 2114명…하루 6명꼴", 2013. 3. 19.

주97 이원재 등, 『이따위 불평등』 중 안건모의 「노동자를 이끄는 것은 위대한 사랑의 감정」, 103~104p, 2015, 북바이북

주98 〈경향신문〉, "[사설] 안전보다 효율 중시하는 사업주 의식이 문제다", 2013. 3. 17.

주99 〈경향신문〉, "[위험의 외주화] 영국은 '기업살인법' 만들어 인명사고 안전책임 물어", 2013. 3. 19.

주100 오준호, 『세월호를 기록하다: 침몰·구조·출항·선원, 150일간의 세월호 재판 기록』, 18 ; 33~34 ; 53 ; 202 ; 211p, 2015, 미지북스

주101 〈노컷뉴스〉, "세월호 비극, 결국은 '돈돈돈' 때문", 2014. 4. 27. ; 〈연합뉴스〉, "[여객선침몰] 청해진해운, 선원 안전교육비 1년에 54만 원", 2014. 4. 19.

주102 〈중앙일보〉, "세월호 침몰로 서민경제까지 가라앉아서야", 2014. 4. 30.

주103 〈경향신문〉, "박대통령 시정연설 '남북' '세월호'는 한마디도 안 했다", 2014. 10. 29.

주104 〈한겨레〉, 이라영, "[야! 한국 사회] 객관의 신기루", 2014. 2. 26.

주105 오언 존스, 『차브: 영국식 잉여 유발사건』, 이세영·안병률 옮김, 8~9 ; 11 ; 16p, 2014, 북인더갭

주106 스티븐 브라이어스, 『엉터리 심리학: 18가지 위험한 심리 법칙이 당신의 뒤통수를 노린다』, 구계원 옮김, 72p, 2014, 동양북스

주107 김준형·윤상헌, 『언어의 배반: 언어학자와 정치학자, 권력에 중독된 언어를 말하다』, 162~163p, 2013, 뜨인돌

주108 〈한겨레〉, 조원광, "[2030 잠금해제] 젊음을 회고하는 일에 대하여", 2015. 3. 23.

주109 노명우, 『세상물정의 사회학: 세속을 산다는 것에 대하여』, 73p, 2013, 사계절

주110 〈한겨레〉, 이라영, "[야! 한국 사회] 정상적인 사람들", 2015. 4. 2.

주111 〈한겨레〉, 이도흠, "[세상 읽기] 3류 대한민국의 진화 방안", 2014. 4. 30.

주112 김찬호, 『사회를 보는 논리』(개정판), 37~38 ; 40p, 2008, 문학과지성사

주113 〈한겨레〉, 전우용, "[전우용의 현대를 만든 물건들] 치약", 2015. 2. 16.

주114 〈한겨레〉, 조효제, "[조효제의 인권 오디세이] 권리들끼리 싸우면 누가 이기

나", 2014. 4. 2. 다음 구절에서 참조했다. "인간 사회가 전진할 때 갈등과 긴장이 없을 수 없다. 권리 간 충돌은 인류 진보의 성장통인 셈이다."

주115 스티븐 브라이어스, 『엉터리 심리학: 18가지 위험한 심리 법칙이 당신의 뒤통수를 노린다』, 구계원 옮김, 270p, 2014, 동양북스

주116 한겨레, 김선우, "[김선우의 빨강] 종교와 혁명", 2015. 3. 18.

주117 〈한겨레〉, "왜 경제학자를 못 믿냐고? 마크 트웨인에게 물어봐~" 2015. 6. 30. 다음 구절에서 인용했다. "(마크 트웨인은) 경제인과 경제학자를 그다지 신뢰하지 않았다. 은행가에 대해서는 "해가 쨍쨍할 때 우산을 빌려주고서는 비가 내릴 때 우산을 거두어가는 인간"이라 했다. 경제학자들이 사랑해 마지않는 통계에 대해서는 더 가혹한 비난을 서슴지 않았다. "세상에는 세 가지 거짓말이 있으니, 첫째는 그냥 거짓말, 둘째는 새빨간 거짓말, 그리고 마지막은 통계"라고 했다. 물론 트웨인은 영국 정치인 벤저민 디즈레일리가 한 말이라고 덧붙였지만, 호사가들은 그 증거를 찾지 못했다. 자신이 만들어낸 말인데도 혹 자신이 기억하지 못한 '표절'일 것을 두려워해 생긴 해프닝인지, 아버지를 아버지라 부르지 못하는 심정이었는지는 알 수 없다."

주118 오구마 에이지, 『사회를 바꾸려면』, 전형배 옮김, 73p, 2014, 동아시아

주119 〈한겨레〉, "교통사고 사망률, 비수도권이 왜 높을까?", 2014. 7. 9.

주120 〈경향신문〉, "내수 부진에 자영업자 비중 '역대 최저'", 2015. 3. 7. ; 〈한겨레〉, "'자영업 쏠림' 내리막만 남았나…자영업 비중 감소", 2014. 10. 13.

주121 〈부산일보〉, "한 집 건너 커피숍…"대박 꿈꾸다 '코피' 터질라"", 2015. 3. 19.

주122 〈뉴스토마토〉, "(인천공항 이대로?) ①세계서비스 1등 만들어낸 비정규직 85%의 그늘", 2015. 1. 28. ; 〈머니투데이〉, "인천공항 주차에서 탑승까지… 만나는 정규직 '0명'", 2015. 1. 14. ; 〈세계일보〉, "공공기관 간접고용 비정규직 4년 새 18% 늘어", 2014. 9. 1.

주123 〈조선일보〉, "[사설] 이 시대 대한민국이 리콴유를 더 추모할 수밖에 없는 이유", 2015. 3. 24.

주124 〈한겨레〉, "감정 드러내지 않는 사람들 분야 1위!", 2015. 3. 27.

주125 김미경 외, 『현대사회의 이해』, 69p, 2004, 형설출판사

주126 노명우, 『세상물정의 사회학: 세속을 산다는 것에 대하여』, 74~76p, 2013, 사계절

주127 박철현, 『사회문제론: 이론, 실태, 지구적 시각』, 607~608p, 2010, 박영사

주128 〈한겨레〉, "정신병자가 갑자기 많아진 이유", 2014. 4. 6.

주129 〈한겨레〉, "한국 여성 갑상선암 발병률 세계 평균의 무려 '10배', 왜?", 2014. 3. 19.

주130 〈한겨레 21〉(606호), "당신의 갑상선암은 체르노빌 탓인가", 2006. 4. 26.

주131 〈한겨레〉, "갑상선암 무분별 검사가 암 환자 양산", 2014. 2. 11.

주132 새로운 사회를 여는 연구원, 『분노의 숫자: 국가가 숨기는 불평등에 관한 보고서』, 293p, 2014, 동녘

주133 〈한국대학신문〉, "'건강보험 보장성 강화'는 보건의료 연구자들의 오랜 연구주제", 2017. 8. 28.

주134 〈서울신문〉, "공공병상 수 OECD 절반도 안 돼…메르스 사태에 '속수무책'", 2015. 6. 24.

주135 〈중앙일보〉, "싱글 패밀리, 6년 뒤엔 대세", 2014. 9. 22.

주136 〈주간조선〉(2303호), "[스페셜 리포트] 미스터 나이팅게일!", 2014. 4. 21.

주137 〈한겨레〉, "'아빠 육아휴직' 56% 늘었지만 '새발의 피'", 2015. 4. 17.

주138 〈여성신문〉, "공기업은 여성 임원 '무덤'인가", 2015. 5. 13.

주139 〈한겨레〉, "'저부담 저복지' 한국…복지 지출 비율 'OECD 꼴찌'", 2015. 2. 5.

주140 박준흠 외, 『한국 대중음악 100대 명반 음반리뷰』, 317p, 2008, 선

주141 정희준, 『스포츠 코리아 판타지: 스포츠로 읽는 한국 사회문화사』, 224p, 2009, 개마고원

주142 김찬호, 『모멸감: 굴욕과 존엄의 감정사회학』, 35~36p, 2014, 문학과지성사

주143 김신일, 『교육사회학』(제4판), 400p, 2009, 교육과학사

주144 〈한겨레〉, 진중권, "[진중권의 현대미술 이야기](1) 잭슨 폴록", 2012. 9. 7.

주145 〈한겨레〉, 진중권, "[진중권의 현대미술 이야기](1) 잭슨 폴록", 2012. 9. 7.

주146 〈한겨레〉, 이주헌, "[이주헌의 알고 싶은 미술] 냉전 문화전쟁의 무기로 이용된 '전위', CIA와 추상표현주의", 2009. 3. 16.

주147 〈한겨레〉, 이주헌, "[이주헌의 알고 싶은 미술] 냉전 문화전쟁의 무기로 이용된 '전위', CIA와 추상표현주의", 2009. 3. 16.

주148 엘레아 보슈롱 · 디안 루텍스, 박선영 옮김, 『스캔들 미술관: 예술의 규범과 질서를 파괴한 70점의 작품』, 151p, 2014, 시그마북스

주149 〈중앙일보〉, 배명복, "[분수대] 도대체 어떤 영화길래 베니스 영화제 최고상인가 궁금해 달려가 봤더니", 2012. 9. 12.

주150 〈EBS 지식채널e〉, "그 나라의 교과서", 2012. 9. 11.

주151 〈한겨레〉, 윤지영, "[2030 잠금해제] 우리에게 필요한 교육", 2012. 9. 16.

주152 오구마 에이지, 『사회를 바꾸려면』, 전형배 옮김, 71p, 2014, 동아시아

주153 〈중앙일보〉, "눈길 끈 김기덕 터진 운동화, 브랜드가…'의외'", 2012. 9. 10.

주154 민은기 엮음, 『독재사의 노래: 그들은 어떻게 대중의 눈과 귀를 막았는가』 중 송화숙의 「박정희, 국가 근대화 프로젝트와 음악」, 237~275p, 2012, 한울

주155 민은기 엮음, 『독재자의 노래: 그들은 어떻게 대중의 눈과 귀를 막았는가』 중 송화숙의 「박정희, 국가 근대화 프로젝트와 음악」, 271p, 2012, 한울

주156 〈한겨레〉, 이진순, "[이진순의 열림] 김민기(상)", 2015. 4. 4.

주157 〈한겨레〉, 정희진, "[정희진의 어떤 메모] 관용", 2015. 1. 31.

주158 김찬호, 『사회를 보는 논리』(개정판), 5p, 2008, 문학과지성사

주159 〈한국대학신문〉, "극악범죄 범인 얼굴 공개, 대학생들의 생각은?", 2009. 4. 10.

주160 혼마 류, 『원자력 프로파간다: 위험하고 사악한, 그러나 가장 성공했던 광고전략』, 지비원 옮김, 65p, 2014, 클

주161 〈한겨레〉, 강재형, "[말글살이] 중동", 2015. 3. 9.

주162 혼마 류, 『원자력 프로파간다: 위험하고 사악한, 그러나 가장 성공했던 광고전략』, 지비원 옮김, 5p, 2014, 클

주163 〈한겨레〉, "이건희 삼성 회장, 혼수상태에서 회복", 2014. 5. 25.

주164 오창섭, 『근대의 역습: 우리를 디자인한 근대의 장치들』, 76p, 2013, 홍시

주165 랠프 페브르 · 앵거스 뱅크로프트, 『스무 살의 사회학: 콩트에서 푸코까지, 정말 알고 싶은 사회학 이야기』, 이가람 옮김, 52p, 2013, 민음사

주166 오창섭, 『근대의 역습: 우리를 디자인한 근대의 장치들』, 21~22p, 2013, 홍시

주167 오창섭, 『근대의 역습: 우리를 디자인한 근대의 장치들』, 22p, 2013, 홍시

주168 〈한겨레〉, 문강형준, "[크리틱] 사나이, 혹은 허황된 가면", 2013. 11. 29.

주169 권인숙, 『대한민국은 군대다: 여성학적 시각에서 본 평화, 군사주의, 남성성』, 10p, 2005, 청년사

주170 〈동아일보〉, "美WP, "한국은 세계 성형수술의 수도"", 2015. 5. 18.

주171 〈경향신문〉, "'1000명당 13건' 한국 성형수술 최다", 2013. 1. 31.

주172 한국갤럽, "외모와 성형수술에 대한 인식조사: 1994/2004/2015 비교"

주173 박노자, 『당신들의 대한민국 2』, 37p, 2006, 한겨레출판

주174 〈페미니즘 연구〉 12권(1호), 태희원, "신자유주의적 통치성과 자기계발로서의 미용성형 소비", 157~191p, 2012

주175 〈문화와 사회〉 5권, 엄묘섭, "시각문의 발전과 루키즘", 86p, 2008

주176 〈한겨레〉, 최병건, "[최병건의 자학의 거울] 자기애", 2014. 6. 28.

주177 〈한겨레〉, "바느질·설거지가 여인의 도리? 이런 자막 '유감'", 2015. 2. 25.

주178 이나미, 『한국 사회와 그 적들: 콤플렉스 덩어리 한국 사회에서 상처받지 않고 사는 법』, 42p, 2013, 추수밭(청림출판)

주179 〈한겨레〉, 박권일, "[야! 한국 사회] '성형대국'의 의미", 2015. 4. 28.

주180 〈한겨레〉, 문강형준, "[크리틱] 뚱뚱한 여자", 2013. 10. 18.

주181 〈한겨레〉, 박권일, "[야! 한국 사회] '성형대국'의 의미", 2015. 4. 28.

주182 후루이치 노리토시, 『절망의 나라의 행복한 젊은이들: 어려운 시대에 안주하는 사토리 세대의 정체』, 이언숙 옮김, 223p, 2014, 민음사

주183 스티븐 브라이어스, 『엉터리 심리학: 18가지 위험한 심리 법칙이 당신의 뒤통수를 노린다』, 구계원 옮김, 15p, 2014, 동양북스

주184 〈헤럴드경제〉, "[데이터랩] 4대악 척결한다는데…늘어나는 성폭력 발생 건수 왜?", 2014. 11. 5.

주185 강준만, 『한국 현대사 산책: 1980년대 편 2』, 60~64p, 2003, 인물과사상사

주186 강준만, 『한국 현대사 산책: 1980년대 편 2』, 65p, 2003, 인물과사상사

주187 〈MBC 이제는 말할 수 있다〉, "스포츠로 지배하라: 5공 정부와 3S정책", 2005. 5. 22. 방영

주188 황지우, 『사람과 사람 사이의 신호』, 273~274p, 1986, 한마당(나는 정희준의 『스포츠 코리아 판타지: 스포츠로 읽는 한국 사회문화사』(161p, 2009, 개마고원)에서 참조했다.)

주189 〈한겨레〉, "'삼수 평창'의 세 가지 실수", 2015. 3. 14.

주190 〈한국경제〉, "1조 날린 전시행정…F1 조직위 해체 수순", 2015. 2. 9.

주191 〈한겨레〉, "인천시, 아시안게임 뒤 3조원대 '빚더미'…복지 등 축소", 2015. 3. 9. ; 〈이코노믹리뷰〉, "인천아시안게임, 남은 건 '빛'이 아니라 '빚'", 2014. 10. 6.

주192 후루이치 노리토시, 『절망의 나라의 행복한 젊은이들: 어려운 시대에 안주하는 사토리 세대의 정체』, 이언숙 옮김, 227p, 2014, 민음사

주193 김준형·윤상헌, 『언어의 배반: 언어학자와 정치학자, 권력에 중독된 언어를 말하다』, 167~168p, 2013, 뜨인돌

주194 미국 드라마 〈뉴스룸〉의 대사다.

주195 〈한겨레〉, 김선우, "[김선우의 빨강] 검색보다 사색", 2015. 3. 23.

오찬호 _작가, 사회학 연구자

1978년에 태어났고 사회학으로 박사학위를 받았다. 전국을 돌아다니며 여러 대학에서 강의했다. 개인이 행복해지기 위해서는 사회가 상식적이어야 한다고 믿고 인류의 평등을 방해하는 고정관념을 발견하고 파괴하기 위한 글쓰기가 주특기이다. 여러 책을 집필했으며 KBS 『서가식당』, 채널A 『거인의 어깨』, jtbc 『말하는대로』, 『차이나는 클라스』 등에 출연하여 '불평불만 투덜이 사회학자'라는 타이틀을 얻었다. 사실이라서 기분 나쁘지 않다.

och7896@hanmail.net

저서

『우리는 차별에 찬성합니다』(2013, 개마고원)

『진격의 대학교』(2015, 문학동네)

『그 남자는 왜 이상해졌을까?』(2016, 동양북스)

『대통령을 꿈꾸던 아이들은 어디로 갔을까』(2016, 위즈덤하우스)

『1등에게 박수 치는 게 왜 놀랄 일일까?』(2017, 나무를심는사람들)

『이따위 불평등』(공저) (2015, 북바이북)

『대통령의 책 읽기』(공저) (2017, 휴머니스트)

『지그문트 바우만을 읽는 시간』(공저) (2017, 북바이북)

1판 1쇄 발행 | 2018년 1월 15일
1판 2쇄 발행 | 2018년 2월 23일

지은이 | 오찬호
발행인 | 김태웅
편집장 | 강석기
기획편집 | 박지호, 민혜진
디자인 | design PIN
마케팅 총괄 | 나재승
마케팅 | 서재욱, 김귀찬, 이종민, 오승수, 조경현
온라인 마케팅 | 김철영, 양윤모
제　작 | 현대순
총　무 | 전민정, 안서현, 최여진, 강아담
관　리 | 김훈희, 이국희, 김승훈

발행처 | (주)동양북스
등　록 | 제2014-000055호
주　소 | 서울시 마포구 동교로 22길 12 (04030)
전　화 | (02)337-1737
팩　스 | (02)334-6624

www.dongyangbooks.com
blog.naver.com/dymg98

ISBN 979-11-5768-335-2 03330

ⓒ 오찬호, 2018

이 도서의 국립중앙도서관 출판예정도서목록(CIP)은 서지정보유통지원시스템 홈페이지(http://seoji.nl.go.kr)와
국가자료공동목록시스템(http://www.nl.go.kr/kolisnet)에서 이용하실 수 있습니다.
(CIP제어번호:CIP2017035073)